PARA UM CONCEITO DE SAÚDE FÍSICA E PSÍQUICA NOS CRIMES CONTRA A INTEGRIDADE FÍSICA

MARIA DO CÉU MARTINS DE MENEZES
Universidade de Coimbra Faculdade de Medicina

PARA UM CONCEITO DE SAÚDE FÍSICA E PSÍQUICA NOS CRIMES CONTRA A INTEGRIDADE FÍSICA

Dissertação apresentada à Faculdade de Medicina da Universidade de Coimbra para obtenção do Grau de Mestre em Medicina Legal

PARA UM CONCEITO DE SAÚDE FÍSICA
E PSÍQUICA NOS CRIMES CONTRA A INTEGRIDADE FÍSICA

AUTOR
MARIA DO CÉU MARTINS DE MENEZES

EDITOR
EDIÇÕES ALMEDINA, SA
Avenida Fernão de Magalhães, n.º 584, 5.º Andar
3000-174 Coimbra
Tel.: 239 851 904
Fax: 239 851 901
www.almedina.net
editora@almedina.net

PRÉ-IMPRESSÃO • IMPRESSÃO • ACABAMENTO
G.C. – GRÁFICA DE COIMBRA, LDA.
Palheira – Assafarge
3001-453 Coimbra
producao@graficadecoimbra.pt

Abril, 2007

DEPÓSITO LEGAL
256620/07

Os dados e as opiniões inseridos na presente publicação
são da exclusiva responsabilidade do(s) seu(s) autor(es).

Toda a reprodução desta obra, por fotocópia ou outro qualquer processo,
sem prévia autorização escrita do Editor,
é ilícita e passível de procedimento judicial contra o infractor.

À Mãe

À memória do Pai e da tia Ester

"Cheguei cheio de óleos, o resíduo do Éden.
Uns disseram que a dor me criara.
Outros que era a morte de uma criança.
Ou uma paixão tão densa que a luz não passava
Alguns disseram que era pecado.
Contaram-me histórias para explicar a doença.
Dos elementos pesados que me impediam de erguer.
Das asas estriadas dos anjos.
Das células que se transformavam.
Acreditava que o mundo era natural. A voz
Da doença era o ruído branco que ignorei.
O que aconteceu comigo aconteceu contigo.
Comesse demais ou pouco, a água estava impura.
Vi o rosto da doença amadurecer no espelho.
Tudo o que existira fora de mim
Passou a existir dentro de mim.
Estava igualmente bem e indisposto.
Eu era o meu próprio remédio.
E agora os medicamentos infindáveis
Transformaram-se no ruído branco que ignorei.
Pois tantos são os males do corpo
Que viver é morrer."

Marvin Bell, *A Healthy Life* (1998)

AGRADECIMENTOS

O estudo que ora se publica corresponde no essencial à dissertação de mestrado apresentada e defendida, a 30 de Novembro de 2005, na Faculdade de Medicina da Universidade de Coimbra. É tempo de agradecer a todos aqueles que deram o seu contributo, e foram muitos, pelo incentivo na concretização deste estudo.

Permito-me destacar o Senhor Professor Doutor José de Faria Costa e o Senhor Professor Doutor Duarte Nuno Vieira, que apoiaram esta incursão médico-legal, fazendo-me descobrir um vasto mundo que importa dar a conhecer, pela sua relevância, a todos os que trabalham na área jurídica: a Medicina Legal vai para além da Tanatologia e tem hoje um papel fundamental na realização do Direito.

SUMÁRIO

Índice de figuras 13

Índice de tabelas 15

I – Introdução 17
   1. Justificação do tema escolhido 19
   2. Objectivos 21

II – Revisão da Literatura 23
   1. Noção ou conceito de integridade física 25
   2. Noção ou conceito de saúde 49
   3. Noção ou conceito de doença 53
   4. Relatórios médico – legais no âmbito penal 60

III – Contributo Pessoal 63

Materiais e Métodos 65
   1. Materiais 65
     ➤ Critérios de inclusão da amostra 66
   2. Métodos 70
     ➤ Constituição da amostra 72

Resultados 73
   1. Descrição da população estudada 73
     1.1. Distribuição por sexos 73
     1.2. Distribuição por grupos etários e estado civil ... 73
     1.3. Distribuição por profissões 75
     1.4. Distribuição por residência 76
     1.5. Distribuição por entidade que solicita o exame ... 77
   2. Distribuição das lesões pelo tipo de sequelas 77
     2.1. A (in) existência de sequelas e a sua relação com o Artigo 144.º do Código Penal 77
     2.2. Distribuição das lesões por regiões anatómicas ... 78

12 Conceito de Saúde Física e Psíquica nos Crimes Contra a Integridade Física

2.3. Natureza do objecto da agressão	78
2.4. Distribuição das lesões/sequelas com e sem incapacidade para o trabalho	79
2.5. Tipologia das lesões	80
2.6. Distribuição dos dias de doença na amostra	83
2.7. Casos com (in) existência de vestígios. Relação com o instrumento da agressão	84
2.8. Casos com existência de vestígios. Relação com a (in) capacidade de trabalho/instrumento da agressão	84
3. Distribuição de casos pela reincidência médico-legal	85

Discussão 87
1. Discussão dos dados empíricos 87
2. Da noção ou conceito de ofensa corporal 93
    2.1 O bem jurídico e os limites máximos e mínimos nos crimes contra a saúde pessoal 94
    2.2 Uma avaliação médico-legal do dano corporal nos crimes contra a saúde pessoal 115
3. Uma proposta de abordagem metodológica na avaliação do dano corporal em Direito Penal 117

Conclusões 121
I – Dos dados empíricos 121
II – Da discussão 122

Resumo 125

IV – Referências Bibliográficas 127

ÍNDICE DE FIGURAS E DE IMAGENS

Imagem 1. O cérebro traumatizado 56

Imagem 2. O coração e a razão 58

Figura 1. Distribuição da amostra por sexos (dados em percentagem) . 73

Figura 2. Distribuição da amostra por grupos etários (resultados em percentagem) 74

Figura 3. Distribuição da amostra por estado civil (resultados em percentagem) 75

Figura 4. Distribuição da amostra por profissões (resultados em percentagem) 76

Figura 5. Distribuição das entidades que solicitaram exames no ano 1998 ao INML 77

Figura 6. Distribuição dos objectos da agressão na amostra 79

Figura 7. Relação da existência de lesões com e sem incapacidade para o trabalho 80

Figura 8. Distribuição das sequelas consoante o tipo (resultados em percentagem) 83

Figura 9. Distribuição dos dias de doença pelos indivíduos que apresentaram sequelas 83

Figura 10. Relação do instrumento da agressão com a existência de vestígios 84

Figura 11. Tipo de agressão vs. com incapacidade para o trabalho 85

Figura 12. Tipo de agressão vs. sem incapacidade para o trabalho 85

Imagem 3. Caos e coerência 102

Imagem 4. O corpo e as emoções estão profundamente ligados 103

Imagem 5. À superfície, o cérebro cognitivo 103

Imagem 6. Em profundidade, o cérebro emocional 104

ÍNDICE DE TABELAS

Tabela 1. Estatística do Serviço de Clínica Médico-Legal do INML de 1998 a 2003 72

Tabela 2. Classificação da amostra segundo os critérios do Instituto Nacional de Estatística para as profissões 75

Tabela 3. Distribuição da população de estudo por residência 76

Tabela 4. Localização anatómica da agressão 78

Tabela 5. Natureza do objecto da agressão 79

Tabela 6. Distribuição individual do tipo de sequelas na amostra 80

Tabela 7. Distribuição individual do tipo de sequelas na amostra 80

Tabela 8. Distribuição individual do tipo de sequelas na amostra 81

Tabela 9. Distribuição individual do tipo de sequelas na amostra 81

I. INTRODUÇÃO

1. JUSTIFICAÇÃO DO TEMA

A tese que se apresenta partiu da procura de respostas às questões levantadas pela análise dos crimes contra a integridade física.

Importava saber, a partir da análise empírica de dados, tão relevantes para a investigação médica e reflexão penal, qual o campo de aplicação conferido pelo Direito Penal à saúde física e psíquica, nos crimes contra a integridade física. E de que forma a Medicina Legal contribuía, através dos parâmetros utilizados na clínica médico-legal, em matéria penal, para uma adequada valoração integral das lesões. Interessava também indagar sobre o próprio conceito de saúde física e psíquica nos crimes contra a integridade física, numa perspectiva médico-legal e jurídica.

Assim, o primeiro passo seria trabalhar o conceito de saúde a partir dos dados recolhidos nos relatórios médico-legais e aferir se a conceptualização médica e médico-legal, em termos de saúde, estavam em sintonia entre si, assim como em correspondência com o conceito plasmado no respectivo tipo legal de crime. Foi o que se procurou determinar no segundo capítulo deste estudo.

Partindo da referência do conceito de saúde da Organização Mundial de Saúde, procurámos encontrar, na nossa amostra, a valorização da componente biopsicossocial, tendo como incidência a vítima (como o terceiro capítulo deste trabalho revela).

Neste sentido tivemos que determinar os limites mínimos e máximos de violação da saúde para efeitos jurídico-penalmente relevantes, de forma a podermos saber se as queixas apresentadas na Medicina Legal revelam, pela sua natureza e intensidade, ofensas no corpo e na saúde com dignidade penal. E se aquelas que não ascendem ao discurso jurídico--penal podem, naquele tipo de crimes, preencher o crime de injúria. Para tal era necessário clarificar, na "Discussão" dos elementos obtidos na amostra, se qualquer abalo psicológico pode ser valorado para efeitos jurídico-penais, indo à procura de uma delimitação da saúde em temos da sua relevância, como saúde jurídico-penalmente significativa. Para esta determinação tivemos que ter como base da nossa reflexão dois princípios: o princípio da insignificância e o princípio da proporcionalidade para se demonstrar que a grande maioria de queixas contra a integridade física, apresentadas na delegação de Coimbra, pela sua insignificância, não atingem o limiar mínimo de dignidade penal para preencherem o tipo legal de crime respectivo.

Por conseguinte só com as respostas às várias questões enunciadas pudemos chegar à concretização de um conceito de saúde física e psíquica jurídico-penalmente relevante, através do diálogo entre a Medicina Legal e o Direito Penal.

Por isso, à escolha do tema deste estudo seguiu-se a dificuldade de conciliar duas metodologias à partida tão diferentes, como a jurídica e a médica. Uma vez que se trata de uma dissertação em Medicina Legal, procurámos "pôr de lado" a formação jurídica, para melhor compreender a linguagem médica e as dificuldades que encontra em face da legislação penal, quanto aos crimes contra a integridade física.

Próprio do interesse e entusiasmo de quem parte às cegas para o desconhecido sem saber o que vai encontrar, propusemo-nos fazer um levantamento entre os anos de 1998 a 2003, na vertente qualitativa e quantitativa de todos os exames periciais relativos aos crimes contra a integridade física. Dando seguimento aos objectivos previamente fixados começámos a análise detalhada, relatório a relatório, dos exames de clínica médico-legal, em matéria penal.

Recolhemos todas as informações tidas como relevantes para a reflexão do tema proposto. Analisámos 3100 processos relativos ao ano de 1998. Ano em que fixámos a nossa amostra em virtude de há data da conclusão deste trabalho ser o único ano em que os relatórios dos exames de clínica médico-legal se encontravam concluídos. Todavia, acreditamos que as mesmas conclusões são válidas para os anos posteriores. Esta nossa convicção tem por base a análise que também efectuámos aos relatórios dos exames de clínica médico-legal, excluídos do âmbito deste estudo somente por não se encontrarem concluídos.

À medida que avançávamos na pesquisa de dados colhidos nos relatórios médico-legais, tomávamos consciência das dificuldades: como trabalhar um tema que não encontra resposta nos dados empíricos? É certo que dispúnhamos de uma série de elementos, mas que por si só não podiam ser válidos como ponto de partida para um conceito de saúde física e psíquica nos crimes contra a integridade física. Foi necessário adquirir conhecimentos básicos de estatística e informatizar os elementos recolhidos através de programa específico. Era necessário reformular toda a metodologia até aí seguida, num momento em que o tempo começava a escassear. Assim, só a introdução de novas variáveis para a recolha de dados e tratamento estatístico veio permitir a ligação de dois conceitos (saúde física/saúde psíquica) que à partida pareciam estar distantes.

Tivemos a preocupação de aliar a análise empírica dos dados à reflexão jurídico-penal, mas devastando mais aprofundadamente a bibliografia médico-legal existente.

É certo que podíamos ir mais longe, pesquisando a imensa biblioteca existente sobre os crimes contra a integridade física e as questões que à sua volta se colocam. No entanto, porque se trata de uma tese médico-legal preferimos dar a visão do perito médico, a quem se exige que traduza os danos, fornecendo ao magistrado informações essenciais para a descoberta da verdade material e, assim, para o mais correcto exercício da justiça.

2. OBJECTIVOS

Procurar um conceito de saúde física e psíquica nos crimes contra a integridade física é indagar sobre a própria ideia de saúde e de doença. Ambas estão entre as fundamentais experiências da vida humana.

O presente trabalho, partindo do enquadramento jurídico-penal actual e da recolha de dados colhidos nos relatórios da clínica médico-legal em matéria penal, tem como incidência a vítima.

Com base nos relatórios de exames médico-legais realizados no Instituto Nacional de Medicina Legal (Delegação de Coimbra), ao longo de 1998 foram seleccionadas todas as queixas de ofensas corporais, procurando contextualizar o conceito de saúde física e psíquica na clínica médico-legal, em matéria penal.

Desta forma, procurar-se-á delimitar o conceito e o conteúdo de integridade física, mostrando que certas lesões do corpo ou da saúde, certos maus tratos físicos comportam intrinsecamente consequências psíquicas susceptíveis de serem consideradas como lesão na saúde.

Pretende-se saber de que forma a lesão na saúde física e psíquica é valorada nos crimes contra a integridade física, quer numa perspectiva jurídica, quer numa perspectiva médico-legal.

Procurar-se-á saber se a grande maioria de queixas contra a integridade física apresentadas na Delegação de Coimbra, pela sua insignificância, atingem o limiar mínimo de dignidade penal para ascenderem ao discurso jurídico-penal.

E se não atingem esse limiar mínimo de dignidade penal, se podem ou não preencher o crime de injúrias.

Indagar-se-á sobre uma saúde significante e outra insignificante, para efeitos jurídico-penais, e se qualquer abalo psicológico poderá ser valorado juridicamente.

Tentar-se-á saber, a partir das solicitações à medicina legal, quantas queixas apresentadas resultaram em qualquer das consequências previstas no art. 144.º do Código Penal.

Procurar-se-á também saber se os relatórios médico-legais em Direito Penal facultam ao magistrado as informações de que este necessita para o mais correcto exercício da justiça, ou seja, se através do modelo de relatório pericial actualmente utilizado em matéria penal conseguimos obter informações sobre as lesões de natureza física e psíquica.

II. REVISÃO DA LITERATURA

1. NOÇÃO OU CONCEITO DE INTEGRIDADE FÍSICA

Do ponto de vista médico-legal, dano ou lesão é toda a alteração anatómica ou funcional ocasionada por agentes externos ou internos (Penna, 1998, p. 58).

As ofensas corporais nas pessoas inserem-se na traumatologia forense. E esta abrange (Duarte-Santos, 1953, p. 7) o «estudo das consequências imediatas ou mediatas, transitórias ou permanentes, das violências exercidas sobre a pessoa humana». Pode existir uma perturbação anatómica ou funcional do corpo humano resultante de qualquer tipo de agente externo. Este é «toda a fonte de energia física ou química externa capaz de produzir no corpo humano lesões anatómicas e ou funcionais – lesões traumáticas» (Rodrigues, 2002, p. 1). A lesão, sendo uma variedade de traumatismo, deve ser entendida amplamente, como ofensa no corpo ou na saúde. Por sua vez, os agentes podem ser materiais ou morais.

Os agentes materiais externos (aqueles que provêm do exterior), classificam-se em mecânicos, se produzem lesões de carácter mecânico (*v.g.* quando um carro ou um projéctil em movimento choca com uma pessoa, ou quando uma pessoa em movimento se projecta contra um objecto), físicos (*v.g.* Rx, electricidade, fogo, etc.), químicos, como por exemplo os dotados de propriedades cáusticas que em contacto com os tecidos produzem a sua destruição (ácidos, bases, gases irritantes) e biológicos, todos os agentes biológicos são causa de lesão (vírus, bactérias, etc.).

Quanto aos agentes materiais internos, estes concretizam-se num só mecanismo: o esforço, que se traduz numa intensa contracção muscular cuja energia mecânica é capaz de produzir efeitos lesivos que podem ser directos (fracturas, luxações, ruptura muscular, hérnia muscular...) ou indirectos (ruptura visceral, hérnia, prolapso,...), segundo tenham ou não lugar no aparelho locomotor.

Os agentes morais foram incluídos, porque as condutas contrárias à moral podem lesionar (Rodríguez Juvencel *apud* Criado del Río, 1999,

p. 711), provocando abalos psíquicos de certa gravidade. Como se sabe, o trauma moral é capaz de produzir lesões psíquicas de diversa natureza e intensidade.

Segundo Gisbert Calabuig (*apud* Criado del Río, 1999 p. 711), todos estes agentes podem actuar de diversas maneiras, condicionando o aparecimento da lesão com diferentes características consoante, por exemplo, o lugar de actuação ou a distância.

Cuello Calón (Hinojal Fonseca, 1990, p. 295) considera, por sua vez, a lesão como o dano causado na saúde física ou mental de uma pessoa, abrangendo assim a lesão na saúde física e psíquica.

O dano é um conceito amplo, que se relaciona com o de enfermidade, lesão ou sintomas.

A enfermidade foi definida por Ramón e Cajal (*apud* Criado del Río, 1999, p. 710) como o desvio permanente ou transitório da estrutura e actividades normais dos seres vivos. E segundo Hinojal Fonseca (*apud* Criado del Río, 1999, p. 710), como uma série de fenómenos que se instauram no organismo vivo, alterando a integridade estrutural das suas diversas partes ou fazendo com que se desvie da sua função benéfica.

Por lesão entende-se toda a alteração anatómica ou funcional do organismo, de carácter físico ou psíquico, como se pode deduzir das definições trazidas pela Organização Mundial de Saúde (OMS), nomeadamente, a saúde como «um estado de bem-estar e equilíbrio global físico-psíquico» (*apud* Magalhães, 1998, p. 77).

O art. 143.º do Código Penal (CP) determina a punição de acções que ofendem a normalidade da estrutura do organismo (dano somático) ou o seu funcionamento (dano fisiológico).

Deve-se tomar como ofensa à integridade física qualquer dano de importância à normalidade somática e, como ofensa à saúde, as alterações do normal funcionamento do organismo, isto é, as alterações fisiológicas quaisquer que sejam, mesmo os distúrbios das funções psíquicas.

É o que se depreende do enunciado do tipo: crime contra a integridade física é toda a acção/omissão que ofenda o corpo ou a saúde de outrem.

Todavia, é necessário que o dano no corpo ou na saúde de outrem sejam significativos: a lesão não deve ser tão leve que fique abaixo daquele mínimo que a torne ponderável para o Direito Penal.

Pinto da Costa (1978, p. 53) transmite-nos a mesma ideia ao considerar que «só tem interesse médico-legal aquela ofensa que deixa vestígios, quer dizer, da qual resulta qualquer coisa que marque, para que,

II. Revisão da Literatura

através dessa marca, dessa impressão, o perito possa avaliar e inferir ter havido ofensa». E exemplifica: o simples arremesso de água a outra pessoa, sem deixar vestígios, não tem interesse médico-legal, mas se a água estiver a ferver, as queimaduras eventualmente resultantes já têm interesse médico-legal, na medida em que podem traduzir aquele arremesso.

Significa que a Medicina Legal só deve ter como relevantes aquelas lesões que podem ter repercussões no âmbito penal, senão teria que conhecer e dar parte de todas as queixas e de cada processo patológico a que assista no exercício da medicina. Desta forma se restringe, para efeitos jurídicos, o conceito médico de lesão, ao conceito médico-legal de lesão, ou seja, toda a alteração anatómica ou funcional, física ou psíquica, produzida de forma violenta. Entendendo por violenta toda a lesão que a pessoa sofre devido a um agente externo ao organismo e que sobre ele tenha actuado ou penetrado acidentalmente ou de forma voluntária, ou devido à sua própria vontade (Criado del Río, 1999, p. 749).

O mesmo entendimento tem Maia Gonçalves (2001, p. 492) ao clarificar que as ofensas na saúde de outra pessoa, para que atinjam dignidade penal e sejam subsumíveis à previsão dos crimes contra a integridade física, não podem ser insignificantes, precisamente porque sendo o enquadramento penal a *ultima ratio*, qualquer comportamento humano, para que seja subsumido a preceito incriminador, deve ser filtrado pelo princípio *de minimus non curat praetor*. E acrescenta que, embora se deva sempre partir de critérios objectivos para apreciar a gravidade da ofensa e os seus efeitos, devem também ser levados em conta, no caso de ofensas mínimas, factores individuais.

Significa que, na perspectiva do bem jurídico protegido, não se deve ter como relevante a agressão, e ilícito o comportamento do agente, se a lesão for diminuta (Paula Faria, 1999, p. 207). A este propósito, Figueiredo Dias (Direito Penal, Parte geral, 2004, p. 275) invoca a "cláusula restritiva de inadequação social".

Para a Medicina Legal (Penna, 1998, p. 59-60), dever-se-ia denominar tal crime de lesões pessoais, uma vez que se reporta ao ser humano vivo, que é a união da parte somática à parte fisiológica e psíquica.

O tipo objectivo de ilícito refere-se ao objecto da agressão utilizando a expressão "outra pessoa", sujeito passivo de tal crime.

Com a referência a «lesões corporais» pode parecer que só os danos corpóreos, anatómicos, somáticos, estariam a ser tutelados pela lei penal.

II. Revisão da Literatura

Contudo, Costa Santos (1987, p. 426) esclarece, com base no CP de 1982, que a ofensa corporal surge como perturbação ilícita da integridade corporal e da saúde de outrem, mas em rigor tais ofensas corporais são ofensas pessoais, porquanto elas podem ser de nível somático (interessando o corpo), de nível psíquico (atingindo a mente) ou de nível que altere o funcionamento perfeito (saúde) de uma pessoa.

Penna (1998, p. 60) considera a lesão corporal como lesão no corpo e a lesão pessoal como dano corporal associado aos danos funcionais, mesmo ao dano psíquico. O termo pessoal é mais abrangente.

Hernandez Cueto (*apud*, Calabuig, 1998, p. 61) entende que com o conceito de dano corporal podemos conhecer as consequências de determinada causa traumática na integridade psicofísica e na saúde de uma pessoa.

Duarte-Santos (1953, p. 8) entre lesões corporais/pessoais, preferia a designação de lesões pessoais, não só por entender que na «unicidade humana os efeitos são muitas vezes inseparáveis», mas também, porque assim os «médicos legistas podem acompanhar o movimento geral da medicina psicossomática».

Todavia, entende não haver modificação essencial na sua problemática se, e em simultâneo, utilizarmos as duas expressões «lesões corporais» ou «lesões pessoais». Em ambas se levanta a alternativa entre «corporal» e «pessoal», sendo certo que as lesões «são a expressão material das ofensas», e assim, «espaço privilegiado da intervenção médico-legal».

No CP em vigor, o legislador deixou de utilizar a expressão «ofensas corporais» para designar estes tipos como «ofensas à integridade física».

Segundo Paula Faria (1999, p. 202ss), o legislador quis aproximar o título da norma incriminadora do bem jurídico tutelado. E este não se restringe à integridade corporal da pessoa em sentido estrito. Por isso importará indagar sobre o alcance a atribuir ao interesse social tutelado pelo Direito Penal ao proteger a integridade física da pessoa humana.

É que a ofensa à integridade física tanto poderá ser entendida como desatenção à pessoa da vítima no seu todo (abrangendo a integridade corporal e psíquica), como ter uma construção corporal-objectiva do delito. No dizer de Paula Faria (1999, p. 203) terá sido esta última a opção tomada pelo legislador. A comprová-lo está a autonomização entre os crimes contra a integridade física e crimes contra a honra. Ideia refor-

II. Revisão da Literatura

çada pela eliminação do elenco dos tipos legais[1] do anterior artigo 173.º, «injúrias através de ofensas corporais»[2], punindo de forma unitária lesões que se traduzissem em ofensas corporais e injúrias. E segundo as considerações expendidas por Paula Faria, não se terá procedido no actual art. 182.º do CP a qualquer identificação entre os dois tipos de lesão[3]. Ainda segundo Paula Faria (1999, p. 204), o conceito e o conteúdo de integridade física não deverão ter uma amplitude excessiva, que possa contender com a protecção dispensada a outros bens jurídicos pelo CP. Por outro lado, não se poderá negar que certas lesões do corpo ou da saúde, certos «maus tratos físicos» acarretam necessariamente consequências psíquicas, e que é de considerar como lesão da saúde o abalo psicológico de certa gravidade (cf. Oliveira Sá, 1991, p. 412).

A lei distingue duas modalidades de realização do tipo, as ofensas no corpo e as ofensas na saúde. Podemos encontrar casos em que as duas modalidades de realização do tipo estejam presentes, havendo por isso coincidência entre elas, mas também podem existir situações em que há uma lesão do corpo sem haver lesão da saúde (cf. Duarte-Santos, 1953, p. 8).

---

[1] Resultante da revisão do CP levada a efeito pelo Decreto-Lei n.º 48/95, de 15 de Março.

[2] Artigo onde se enunciava: «Quem cometer contra outrem uma ofensa corporal que, pela sua natureza, meio empregado ou outras circunstâncias, revela intenção de injuriar, será punido com pena de injúria, salvo se à ofensa corporal corresponder concretamente pena mais grave, que, neste caso, se acumulará com aquela».

[3] Acerca do alcance do direito à integridade física no plano civil, v. o n.º 1 do art. 70.º do Código Civil.

A este respeito, Rabindranath Capelo de Sousa, *«O direito geral de personalidade»*, Coimbra: Coimbra Editora, 1995, p. 211-214, clarifica: «No âmbito do direito civil, e para além da repercussão aí daquelas normas constitucionais e penais tuteladoras do corpo, o art. 70.º do Código Civil, nomeadamente ao explicitar a defesa da personalidade física, abrange directamente na sua tutela o corpo humano, em toda a sua extensão, o que aliás é unanimemente reconhecido na jurisprudência e na doutrina». E indagando sobre o conteúdo do bem juscivilístico do corpo humano, acrescenta: «É antes de mais, como a vida, uma realidade biológica que o direito reconhece e protege em si mesma. Assim, através daquele bem jurídico são protegidos não apenas o conjunto corporal organizado mas inclusivamente os múltiplos elementos anatómicos que integram a constituição físico--somática e o equipamento psíquico do homem bem como as relações *fisiológicas* decorrentes da pertença de cada um desses elementos a estruturas e funções intermédias e ao conjunto do corpo, nomeadamente quando se traduzem num estado de saúde físico--psíquica».

II. Revisão da Literatura

Assim será no controvertido caso da bofetada leve sobre uma pessoa (sem qualquer sofrimento ou incapacidade para o trabalho) e que parte da jurisprudência[4] tinha, à luz da versão anterior do art. 142.º, como integrando o tipo legal de injúrias.

Todavia, o Supremo Tribunal de Justiça (STJ) fixou jurisprudência sobre esta matéria no Acórdão de 18-XII-91[5], qualificando o dito comportamento como ofensa corporal.

Por outro lado, podem também existir lesões da saúde que não configuram ofensas no corpo (Maia Gonçalves, 2001, p. 494).

O tipo legal do art. 143.º fica preenchido mediante a verificação de qualquer ofensa no corpo ou na saúde.

Por ofensa no corpo dever-se-á entender «todo o mau trato (...) físico de uma forma não insignificante» (Mainwald, *apud*, Paula Faria, 1999, p. 295).

Discutível parece ser a subsunção das lesões psíquicas, pois a referência ao corpo parece deixar de fora do tipo legal de ofensas corporais as lesões psíquicas propriamente ditas. No entanto, Paula Faria (1999, p. 206) entende que «só encontrarão expressão neste tipo legal, através do preenchimento deste elemento típico, aquelas lesões da integridade psíquica que simultaneamente causem um efeito físico pela via através da qual têm lugar ou pela intensidade de que se revestem». E acrescenta que, se estivermos perante outro tipo de perturbações do bem-estar psíquico do ofendido, estas poderão ser eventualmente tratadas como lesão da saúde.

Assim podemos encontrar vários entendimentos relativos à questão de saber se a referência à saúde abrange apenas a saúde física ou se abarca também a saúde psíquica.

Há quem considere que a lesão da saúde psíquica não tem lugar nas ofensas à integridade física (cfr. Paula Faria, 1999, p. 204 ss), porque, por

---

[4] V. Ac. da RL de 26-VI-90, CJ XV-III 172.

[5] No Acórdão de 18-XII-1991, partindo do entendimento e decisão do acórdão fundamento, pode ler-se «...o crime de ofensas corporais é um crime material exigindo um resultado ou evento lesivo que se consubstancie numa concreta ofensa ao corpo ou na saúde alheia, não bastando uma pancada ou agressão, para a existência do crime de ofensas corporais». Enquanto que no Acórdão recorrido o entendimento foi o de que «ofensa corporal» tem o sentido de corresponder a uma agressão física, independentemente de dela resultarem ferimentos ou estados de doença perceptíveis pelos meios normais de observação, e apenas se verifiquem microlesões como as que, por exemplo, podem resultar de uma bofetada, de um açoite, de uma estalada, de um pontapé, etc.».

II. Revisão da Literatura

um lado, a construção deste bem jurídico é uma construção corporal objectiva, e por outro, algumas situações de ofensa à saúde psíquica podem ser tuteladas através de outros tipos incriminadores; há quem considere (Paula Faria, 1999, p. 206) que algumas situações de ofensa à saúde psíquica podem ter relevo à luz destes tipos, designadamente lesões à saúde psíquica que se repercutem em danos físicos: *v.g.* o susto que provoca a gaguez, a depressão que faz perder o cabelo, etc. Há ainda quem vá mais longe (Oliveira Sá, 1991, p. 412), considerando que, independentemente da existência de um dano físico, os abalos psicológicos de grande gravidade já devem ser abrangidos por este tipo de crime.

Aliás, sabendo-se hoje que o dano no corpo pode ter importantes repercussões psicológicas, morais e sociais que não devem ser menosprezadas e que muitas vezes, na ausência de lesões no corpo, certas situações traumatizantes provocam distúrbios psicológicos e morais que devem ser valorizados, deve-se perfilhar essa interpretação deixada em aberto pelo legislador, ao utilizar a noção de "corpo" e de "saúde" (Magalhães, 2003, p. 69).

O crime contra a integridade física simples (art. 143.º CP) surge como tipo legal fundamental em matéria de crimes contra a integridade física. O legislador, a partir do tipo matricial "ofensa ao corpo ou à saúde de outrém", construiu uma série de tipos mais graves, como a ofensa à integridade física grave (art. 144.º), agravada pelo resultado (art. 145.º), qualificada (art. 146.º) e menos graves, como ofensa à integridade física privilegiada (art. 147.º), e por negligência (art. 148.º)[6].

De entre os tipos legais de crimes que incluem danos corporais (ofensas à integridade física), ou a criação de perigo para a vida ou para a integridade física, o tipo legal de crime do art. 144.º do CP é o único que expressamente objectiva ou concretiza resultados típicos que constituem formas de ofensa ao corpo ou à saúde (Magalhães, 2003, p. 68).

Sob a epígrafe "Ofensa à integridade física grave", o art. 144.º resulta da revisão do Código levada a efeito pelo Decreto-lei n.º 48/95, de 15 de Março.

---

[6] Tendo em consideração a existência do resultado material daqueles crimes, podemos elencar vários tipos de crimes. A este propósito v. Revista de Direito Penal-Ano II--N.º 1, 2003, p. 67.

Para uma análise mais detalhada dos crimes contra a integridade física, v. *Comentário Conimbricense*, Código Penal, Parte Especial, Tomo I, Coimbra Editora, 1999, p. 202-339.

II. Revisão da Literatura

Trata-se de uma modalidade agravada do crime de ofensas à integridade física simples[7].

Com o apoio nas reflexões de Oliveira Sá, T. Magalhães, F. Corte-Real e D. Nuno Vieira (2003, p. 69)[8] considera-se que os conceitos de "ofensa corporal" ou de "ofensa à integridade física da pessoa" deveriam ser substituídos pela noção de "ofensa pessoal" ou de "ofensa à integridade da pessoa", uma vez que os primeiros conceitos remetem para a noção de lesões no corpo, não sendo apenas estas "lesões" que interessa avaliar.

O art. 144.º do CP prevê nas alíneas que enuncia vários tipos de resultados. Todos eles constituem parâmetros de avaliação do dano, servindo de referência ao perito quanto à natureza da informação e aos termos em que deve ser prestada. Significa que, apesar dos conceitos utilizados pelo legislador penal, pode não haver em certas circunstâncias correspondência exacta com os conceitos médicos utilizados na avaliação do dano. Contudo, o perito médico ao proceder à avaliação médico-legal tem por obrigação auxiliar o julgador a classificar os factos (os danos sofridos pela vítima) de acordo com a tipificação legal.

No exercício da sua actividade pericial através do exame de clínica médico-legal, o perito deve apenas pronunciar-se sobre o dano corporal[9], silenciando-se sobre a intenção do agente ou sobre a qualificação jurídico-penal da respectiva conduta, questões que devem ser relegadas para o Ministério Público (MP) na fase de inquérito, para o Juiz na fase de instrução, e para o Tribunal na fase do julgamento.

Importa pois analisar algumas das dificuldades e dúvidas que as diversas alíneas do art. 144.º do CP levantam, em termos da avaliação médico-legal do dano corporal:

a) Privação de importante órgão ou membro, ou desfiguração grave e permanente.

A primeira dúvida que o enunciado desta alínea pode suscitar é a respeitante ao conceito de "órgão".

---

[7] O tipo legal do art. 143.º fica preenchido, quanto ao resultado típico, mediante a verificação de qualquer ofensa no corpo ou na saúde (lesões físicas e psíquicas) que não se traduza nos resultados do art. 144º.

[8] As considerações que teceremos a propósito das várias alíneas do art. 144.º terão ainda como referência os autores acima referenciados.

[9] Podendo, nessa avaliação, fazer considerações sobre a perigosidade do meio ou instrumento utilizado para a agressão, para efeito, nomeadamente, da qualificação da ofensa como qualificada (art. 146.º CP).

II. Revisão da Literatura

Carlos Lopes (1982, p. 63) afirmava não haver uniformidade de apreciação acerca do entendimento de órgão em Medicina Legal, nem entre médicos legistas, nem entre juristas.

Francisco Coimbra (1962, p. 218-219) dava a definição de órgão como sendo a «parte componente de um aparelho que contribua de modo especial para as funções desse aparelho necessárias à economia animal».

Em medicina entende-se por membro uma extremidade, cada uma das quatro extremidades ou apêndices do corpo articuladas com este, destinadas aos grandes movimentos e por órgão um conjunto de partes anatómicas que realizam uma função (Hinojal, *apud* Criado del Río, 1999, p. 727).

Há quem utilize o conceito de membro para assinalar as extremidades ou uma parte delas que realiza uma função fisiológica e órgão para indicar qualquer parte do corpo com uma função fisiológica determinada, como o baço, o rim, etc. (Guallart *apud* Criado del Río, 1999, p. 727).

Por sua vez, Duarte-Santos (1953, p. 13) esclarece que «Para os médicos, órgão define-se anatomicamente, como uma unidade que se basta a si própria estaticamente, mas que funcionalmente se pode bastar e necessitar de outras peças, outros órgãos também, iguais ou diferentes, para levar a cabo uma função em que ele colabora. Órgão tem pois, sentido anatómico, estático».

Penna (1996, p. 149-168) depois de definir função como o modo de actuação específica de qualquer Órgão, Aparelho ou Sistema[10], acrescenta que o órgão é a parte do corpo que serve para sensações e funções do homem. Por meio dos órgãos, no organismo operam-se funções especiais e distintas e, ao contrário, vários órgãos podem destinar-se a uma só função. Por sua vez, a cada sentido corresponde morfologicamente um órgão específico, o órgão pode existir sem a respectiva função, como por exemplo, na paralisia.

E dá-nos alguns exemplos das privações ou afectações graves que podem ocorrer num órgão ou membro: a mutilação ou amputação de um membro que só deixe um coto, a cegueira bilateral, a surdez completa, a catarata traumática, a lesão nervosa causando impotência *"coeundi,"* a

---

[10] Segundo Penna (1996, p. 148) as principais funções são a digestiva, respiratória, cárdio-circulatória, sensitiva, cerebral, reprodutora, fisionómica, locomotora, secretora, preensão, mastigação, etc. Podem ser reunidas em funções de vida vegetativa e funções de vida de relação.

perda da fala por lesão na língua ou laringe, a perda da mastigação (pela ausência total de dentes), perda da capacidade de procriar por castração, braço ou perna impotente por lesão nervosa, etc.

O CP ao utilizar os termos de órgão ou membro parece querer significar o conjunto de partes anatómicas que concorrem para uma função. Maia Gonçalves (2001, p. 495) apresenta o órgão como uma parte do organismo dotado de uma estrutura própria e desempenhando uma função necessária e útil. Tratando-se de um órgão importante, e definindo-se o órgão por referência a uma função específica necessária ou útil ao organismo de que é componente, considera que se deve avaliar essa importância, não só de acordo com a diminuição funcional que sofreu, mas também levando em conta factores individuais da pessoa que ficou privada do órgão, designadamente a actividade profissional por ela exercida.

Leal-Henriques/Simas Santos (*apud* Paula Faria, 1999, p. 224), consideram órgão «toda a parte ou componente de um corpo organizado, que tem uma função particular, *v.g.*, órgão da visão, órgão do olfacto, etc.».

Quanto ao conceito de "membro" também se colocam dúvidas sobre se a privação prevista corresponde a uma privação total ou parcial.

Relativamente a esta questão, e no âmbito do art. 144.º do actual CP, a valorização dos órgãos e membros é limitada àqueles que são importantes.

A este respeito Paula Faria (1999, p. 225) esclarece que, a alínea a) do art. 144.º, ao referir-se à privação de órgão ou membro, quer significar que «esta tem lugar sempre que a actuação do agente conduz à supressão de um órgão ou membro, de tal forma que estes ficam impedidos de realizar a sua função como parte integrante do corpo humano». Nesta óptica, esta privação traduz-se não apenas na privação anatómica, mas também, na privação ou afectação grave do órgão ou membro. Esta afectação não tem obrigatoriamente carácter permanente (Ferreira, *apud* Magalhães, 2003, p. 71).

A importância de órgão ou membro deve ser primeiramente avaliada pela ciência médica. É esta que, em cada momento, pode dizer o que se deve entender por órgão ou membro importante (através da descrição pormenorizada das consequências da sua produção, incluindo o efeito nas situações concretas da vítima), pelo que os juristas poderão sempre contar com o contributo do perito médico-legal para a sua elucidação (Leal-Henriques/Simas Santos, *apud* Magalhães, 2003, p. 71).

II. Revisão da Literatura

Do que fica exposto resulta que, para a determinação dessa importância, devem relevar os factores individuais da vítima. De facto, subjacente à utilização deste qualificativo, encontra-se o entendimento de que este «tem uma função própria, pois as lesões do corpo previstas na alínea devem ser entendidas em sentido amplo. Assim, a privação de um dedo de um pianista é um exemplo demonstrativo do alcance do termo em causa» (Actas e Projecto da Comissão de Revisão do Código Penal, 1993, p. 221).

Neste sentido, os órgãos e membros contemplados no art. 144.º CP devem ser aqueles que funcionalmente sejam relevantes, podendo a sua "privação" ser total ou parcial (Ac. STJ, de 5-V-1993, *apud* Magalhães, 2003, p. 71), temporária ou permanente.

T. Magalhães, F. Corte-Real e D. N. Vieira (2003, p. 71) citam o Ac. da Relação de Lisboa, de 26-XI-1986, onde se expende que:

«A amputação de um dedo – lesão constitutiva de aleijão, criadora de prejuízo estético e redutora, por forma grave, da potência funcional da mão – é enquadrável, enquanto resultado de ofensa corporal, no crime qualificado do art. 143.º do Código Penal de 1982»[11].

Ainda em termos jurisprudenciais, o Acórdão do Tribunal da Relação do Porto de 12-III-97 determina que «a perda dos dois dentes incisivos centrais e do lateral direito não constitui privação de importante órgão, mas constitui desfiguração grave e permanente, independentemente da possibilidade de o ofendido poder optar por uma prótese dentária»[12].

A alínea a) abrange também a "desfiguração" grave e permanente, conceito que faz referência a um critério puramente estético. Cada vez se concede maior importância à beleza corporal, indicativa por sua vez de saúde, bem-estar e da manutenção das relações sociais e laborais, onde

---

[11] O art. 143.º do CP de 1982 diz respeito à sua versão originária, tal como foi aprovado pelo Decreto-lei n.º 400/82, de 23 de Setembro, correspondendo ao actual art. 144.º do Código Penal, com as alterações introduzidas pelo Decreto-Lei n.º 48/95, de 15 de Março.

[12] O aumento de número de politraumatizados resultante dos acidentes de viação é responsável pela grande incidência de incapacidades que daí resultam. A perda de dentes pode ser o resultado de lesões dentárias graves, mas cuja avaliação, em termos de dano, é ainda subestimada. Para um aprofundamento desta realidade v. Scheffer, P., *in: Rev. Stomatol. Chir. Maxillofac.* 1986, 87, n.º 1, p. 37-41 e J. Bosco Penna, «Avaliação do dano corporal: perdas dentárias», *in: Temas de Medicina Legal*, Centro de Estudos de Pós-Graduação em Medicina Legal, Coimbra, Novembro de 1998, p. 219-232.

em princípio tem muita importância a boa presença da pessoa e da repercussão que tem a morfologia humana sobre o aspecto económico, social, individual, psicológico e inclusive psiquiátrico da pessoa (Fiscalía General del Estado *apud* Criado del Río, 1999, p. 729).

Há quem entenda que a desfiguração ou alteração estética deve ser valorada, independentemente da sua susceptibilidade para ser reduzida ou eliminada com tratamento cirúrgico, uma vez que a sua aplicação comporta sempre algum risco para o paciente, risco este que nem todos estão dispostos a correr. Por mínima que seja, a intervenção cirúrgica pode ter resultados incertos, não devendo ser imposta ao ofendido para benefício do agressor.

Diversamente há quem entenda que, com o actual estado e desenvolvimento da ciência médica, não devem considerar-se como deformidades aquelas anomalias ou sequelas susceptíveis de serem eliminadas por ulteriores intervenções médico-cirúrgicas (Criado del Río, 1999, p. 730).

Desfiguração que se prende com o dano estético, estando em causa uma «alteração substancial da aparência do lesado» (Paula Faria, 1999, p. 226).

Quanto à sua gravidade, o perito médico-legal poderá, em muitos casos, ter dificuldades[13] na utilização do adjectivo proposto (Magalhães, 2003, p. 72). No entanto, Criado del Río (1999, p. 732) entende por desfiguração grave aquela que dificulta ou impede a realização das actividades laborais ou sociais da pessoa, ou a possibilidade de se relacionar com as pessoas que a rodeiam.

O Acórdão do Tribunal da Relação de Lisboa, de 22-IV-97, dispõe que «A definição de uma ofensa corporal como grave, pertence em primeira linha ao médico, sem prejuízo de o julgador lançar mão de normas penais para tal qualificativo, bem como das regras da experiência comum».

Para Maia Gonçalves (2001, p. 495), desfiguração[14] grave e permanente «é uma alteração estética da aparência de uma pessoa que, como grave deve ser intensa e extensa, levando-se ainda em conta a localização e as particularidades da pessoa que sofreu. Como permanente, a desfi-

---

[13] Pensamos que essa e outras dificuldades resultam dos parâmetros existentes nos actuais relatórios médico-legais, em matéria penal. Na segunda parte deste trabalho teremos oportunidade de desenvolver esta matéria.

[14] Hinojal Fonseca (1990, p. 301) estabelece seis critérios para avaliar a deformidade: critério estético, critério quantitativo, critério fisiológico ou anátomo-funcional, visibilidade da alteração, circunstâncias pessoais, índole do agente traumático.

guração deve ser duradoura, no sentido de dever subsistir durante um período indeterminado e longo, sem que seja necessariamente perpétuo. Podendo a desfiguração ser eliminada por correcção através de operação estética dentro das possibilidades da pessoa lesada, não pode ser considerada permanente».

Uma outra dúvida se impõe respeitante à desfiguração. Aquela que se liga à questão de saber se em causa estão apenas as lesões do rosto ou das partes que integram a fisionomia de um indivíduo (lesões visíveis), ou se o conceito abrange igualmente lesões (não visíveis exteriormente) de outras partes do corpo. Indaga-se sobre se o legislador penal, ao deixar de utilizar a expressão deformidade que empregava em 1886, quis apenas abranger as lesões visíveis.

Leal-Henriques/Simas Santos (*apud* Paula Faria, 1999, p. 226) defendem que o conceito de "desfiguração" deve ser perspectivado de forma ampla como "dano estético," seja qual for a parte do corpo em que tem lugar. Foi também este o sentido fixado pelo Acórdão do Supremo Tribunal de Justiça, de 24-I-90. Nele pode ler-se: «A expressão desfiguração grave e permanente, contida na alínea a) do art. 143.º, não deve ser entendida, numa interpretação literal e restrita, no sentido vulgar de alterar para feio o delineamento do rosto, mas numa acepção mais ampla que abranja a desfiguração grave de qualquer parte do corpo». E continua: «Assim, estão abrangidas pela previsão daquela norma a cicatriz retractil com 4 cm por 7 cm de maiores dimensões na face antero-interna do terço médio do braço esquerdo; a cicatriz de forma irregular com 3 cm de maiores dimensões peri-umbilical, e a cicatriz de forma irregular com 2 por 3 cm de maiores dimensões na face anterior do terço superior da coxa direita».

Logo, quer na formulação de 1886, quer na actual redacção da alínea a) do art. 144.º CP, o dano estético não está limitado ao rosto (Oliveira Sá, 1991, p. 426).

No relatório médico-legal, o perito deve descrever detalhadamente o dano, fotodocumentando-o (com autorização da vítima), principalmente quando se localiza em áreas só acessíveis à vista se a vítima se despir (Magalhães, 2003, p. 72).

Por último, este dano deve ser considerado tanto do ponto de vista estático (*v.g.* cicatriz, amputação) como dinâmico (*v.g.* claudicação importante na marcha, desvio da comissura labial com perturbação da mímica facial e da fala).

II. Revisão da Literatura

Do que fica exposto resulta que, a desfiguração grave é uma alteração substancial da aparência do lesado e deve ser entendida tanto numa perspectiva estática como dinâmica, não tendo que ser apenas facial (*v.g.* privação do peito de uma mulher, queimaduras nas pernas, etc.). Esta alteração tem de ser grave (o dano estético aqui contemplado envolve a intenção de marcar, de desfigurar a vítima) e o que nos dá a gravidade é a intensidade da lesão, mas também a particular situação da pessoa ofendida (sexo, idade, profissão). É importante ver qual o efeito daquela lesão na vida pessoal e social da pessoa. Tem ainda de ser permanente, não se exige perpetuidade, mas apenas que os efeitos sejam duradouros, sendo previsível que perdurem por tempo indeterminado. Havendo possibilidade de uma intervenção médica, a desfiguração não é permanente.

b) Tirar ou afectar, de maneira grave, a capacidade de trabalho, as capacidades intelectuais, ou de procriação, ou a possibilidade de utilizar o corpo, os sentidos ou a linguagem.

Nesta segunda alínea do art. 144.º do CP, o legislador veio equiparar à perda de um importante órgão ou membro, a perda de determinadas capacidades (Paula Faria, 1999, p. 228). Por isso, abrangem-se nesta alínea as lesões funcionais, incluindo as suas implicações em termos situacionais.

Quanto à capacidade de trabalho duas questões podem surgir: a primeira prende-se com a questão de saber se estamos perante um dano definitivo ou se poderá ser temporário, desde que grave; a segunda, o tipo de trabalho em causa, se geral ou profissional.

Relativamente à primeira questão o Acórdão da Relação de Coimbra (03-V-1989, *apud* Magalhães, 2003, p. 73) dá como assente que o dano agora em referência tanto pode ser permanente como temporário, bastando que seja grave: "tirar-lhe" revela carácter de permanência, enquanto "afectar-lhe" pode ter carácter permanente ou temporário.

Com efeito, tanto pode estar em causa a perda completa dessas faculdades, como decorre da expressão "tirar-lhe", como a sua diminuição, ou seja, perdas da ordem da percentagem, de capacidade de visão, auditiva, de trabalho, etc., desde que sejam graves (Paula Faria, 2003, p. 228).

Por sua vez, a qualificação das lesões como afectando, ou não, gravemente as funções suscita dúvidas. O mesmo já acontecia no âmbito do CP de 1886, a propósito do n.º 5 do art. 360.º. Veja-se a este respeito o Acórdão do Supremo Tribunal de Justiça, de 09-V-1958, onde se pode

II. Revisão da Literatura

ler: «(...) o art. 360, n.º 5, do Código Penal abrange o aleijão e a inabilitação, total ou parcial», desde que «determine uma redução considerável e relevante da função normal do membro ou órgão do corpo».

Este assento, embora não tendo acabado com as dúvidas, estabeleceu um critério de orientação que permanece válido.

Quanto à segunda questão formulada, a de saber se a (in) capacidade para o trabalho deve ser geral ou profissional, deve entender-se tanto como a impossibilidade de exercício da profissão da vítima, como qualquer outra actividade não profissional, ou seja, dever-se-á avaliar a incapacidade profissional e a geral (Paula Faria, 1999, p. 228; Magalhães, 2003, p. 73).

Sendo este o sentido escolhido para a afectação da capacidade para o trabalho, deve o perito médico proceder a uma valorização tanto específica como particular da actividade profissional do ofendido, independentemente do eventual conhecimento e intenção que estiveram subjacentes ao acto praticado.

Este tipo legal de crime, para além de exigir a verificação dos elementos objectivos[15] do tipo, necessita, quanto ao tipo subjectivo de ilícito, que o dolo[16] (ao menos o dolo eventual)[17] abranja não só o delito fundamental como as consequências que o qualificam (Paula Faria, 1999, p. 234). Significa que no crime de ofensa à integridade física grave exige-se, ao nível dos elementos subjectivos do tipo legal, um duplo dolo, isto é, um dolo quanto à ofensa corporal, e um dolo quanto ao resultado, que advém da ofensa (v. Ac. do STJ, de 16-XI-95).

Por sua vez, pode o agente querer apenas cometer um crime fundamental doloso (v.g. ofensas à integridade física simples) e acontecer que o resultado vá para além dessa intenção, criando com a sua conduta, resultado diferente (v.g. ofensas à integridade física graves). Neste caso, a conduta do agente preencherá, um crime agravado pelo resultado ou crime preterintencinal, previsto e punido pelo n.º 2 do art. 145.º do CP.

---

[15] Cf. Relativamente a esta matéria Figueiredo Dias, «Sobre o estado actual da doutrina do crime», *in: RPCC*, Ano 2-Fasc.1, Editorial Notícias, 1992, p. 7-45.

[16] Nas palavras de Figueiredo Dias (*Direito Penal*, 1975, p. 229-230) o dolo «é uma forma de realização do ilícito-típico que, psicológica ou finalisticamente, se traduz no conhecimento e vontade de realização de um tipo legal de crime».

[17] Cfr. a este respeito José de Faria Costa, *«Tentativa e dolo eventual»*, Coimbra, 1987, p. 33 ss.

A imputação do crime agravado pelo resultado (v. Ac. do STJ, de 14-V-96) «parte da base de que o agente agiu com negligência na produção desse mesmo resultado; a censura não é feita pelo dolo do agente, mas pelo que ocorreu negligentemente»[18].

Desta forma, pode-se verificar no que tange ao tipo de trabalho que deve ser avaliado, a distância teleológica entre a avaliação pericial[19] e a qualificação jurídica (Magalhães, 2003, p. 74).

Quanto às capacidades intelectuais do ofendido, Paula Faria (1999, p. 228), citando Leal-Henriques/Simas Santos, considera que haverá perturbação das mesmas «quando são afectadas a inteligência e a vontade, afectação que pode ser passageira (estado de coma transitório e por período curto, *v.g.*) ou duradoura[20] (com duração significativa)».

Por outro lado, o legislador refere-se em seguida às capacidades de procriação (Paula Faria, 1999, p. 228). Aqui haverá perturbações quando pela actuação do agente este "tira" ou "afecta" de maneira grave a capacidade de gerar, quer no homem, quer na mulher[21].

---

[18] Sendo toda a responsabilidade penal baseada na culpa, não deverá haver no Direito Penal responsabilidade objectiva, daí a necessidade de uma imputação pelo menos ao nível da negligência deste resultado não querido (v. art. 18.º do CP).

[19] Refere-se a avaliação pericial com base na metodologia seguida actualmente (veja-se o que dissemos na nota n.º 13).

[20] Pelas palavras de Faria Costa, *«Vida e morte em direito penal – esquisso de alguns problemas e tentativa de autonomização de um novo bem jurídico –*, p. 20 ss., não se pode deixar de considerar que há «uma zona cinzenta, uma zona de *no man's land,* uma zona para a qual não queremos olhar, porque nos arrepia até ao mais fundo do nosso ser, que fica entre o ataque máximo à integridade física e a violação da própria vida». E exemplifica: «O doente que está em coma por largos meses ou o doente que fica em uma situação de vida vegetativa persistente em que mundo está? Por certo no mundo dos vivos e merece de nós o maior respeito e consideração. Mas em mundo igual ao nosso? Qual a sua capacidade de relacionação com o mundo e com os outros?». E mais à frente questiona «se se não estará aqui perante a violação de uma realidade social, ética e juridicamente já diferente da violação da mera integridade física mas que ainda não atingiu o degrau da violação da própria vida humana». E continua: (...) «as exigências da realidade que os novos meios médicos suscitaram, parecem obrigar-nos, a partir de agora, a pôr, ao menos a hipótese, a existência de um novo bem jurídico-penal: a integridade pessoal».

[21] Allen Gomes, «A sexualidade na lesão vertebro-medular», *in: VIII Curso de pós- -graduação sobre a avaliação do dano corporal»*, chama a atenção da elevada taxa de acidentes de viação que provocam consequências físicas e psicossociais dramáticas, nomeadamente através da lesão vertebro-medular. Neste tipo de lesão a resposta sexual é afectada em todas as suas componentes, reflectindo-se negativamente na satisfação sexual

II. Revisão da Literatura

Relativamente à impossibilidade de utilizar o corpo, trata-se de uma noção eminentemente funcional (Paula Faria, 1999, p. 229), sendo necessário o sacrifício de uma função biológica, ou seja, em todos aqueles casos em que se comprometa seriamente a capacidade de movimentação do corpo, afectando todo o organismo (*v.g.* casos de paralisia, perda da mobilidade de um braço, enrijecimento muscular de uma perna, etc.).

Por sua vez, há perda de um sentido (impossibilidade da sua utilização), verificando-se a privação absoluta do mesmo (*v.g.* audição, visão, olfacto, tacto ou paladar) assim como, quando uma dessas capacidades deixa de existir por longo período de tempo, sem se poder determinar o período necessário para a cura. Também se abrangem as diminuições funcionais, como a perda de um só olho ou diminuições da capacidade visual[22] de ambos os olhos, o mesmo se podendo dizer da capacidade auditiva[23], sem perda completa da audição.

Por último, estaremos perante uma lesão grave da possibilidade de utilizar a linguagem quando a pessoa ofendida necessita de fazer um esforço considerável para se fazer entender (Paula Faria, 1999, p. 230), ficando afectada a possibilidade de articular discursos, havendo prejuízo sensível da capacidade de comunicação.

Relativamente a todas estas perturbações, deve o perito médico--legal descrevê-las, tendo em conta os seus aspectos temporários e definitivos, bem como a gravidade da sua afectação, levando em atenção as respectivas repercussões concretas na vida do ofendido (Magalhães, 2003, p. 74).

Ao nível jurisprudencial, e a título exemplificativo, o Acórdão do Tribunal da Relação do Porto, de 21-II-90, determina que, comete o crime de ofensa à integridade física grave, prevista e punida pela alínea b) do art. 144.º do CP, quem «provocou diplopia, embora ocasional, que afecta de maneira sensível a possibilidade de utilizar o sentido da visão e o impede de exercer actividade que dela essencialmente dependa».

---

e na capacidade reprodutiva, originando assim, défices diferenciados que acarretam uma degradação da imagem corporal e auto-estima, com consequências negativas nas relações afectivas actuais e futuras.

[22] Para uma análise do tipo de lesões que podem existir no sistema ocular, v. César Borobia Fernandes, «*Valoración de danos personales*». "Sistema Ocular", 1997, p. 183-199.

[23] Crf. Philippe Courtat, «*Évaluation des séquelles oto-rhino-laryngologiques post--traumatiques*», *in*: *Rev. Franç. Dommage Corp.*, 1990; 16(3), p. 521-527.

c) Doença particularmente dolorosa ou permanente, anomalia psíquica grave ou incurável.

d) Perigo para a vida.

Nestas duas últimas alíneas do art. 144.º do CP prevêem-se lesões na saúde.

A alínea c) deste tipo legal contempla, como fundamento de agravação, situações de doença particularmente dolorosa ou permanente, ou anomalia psíquica grave ou incurável. Por "doença particularmente dolorosa", quer o legislador fazer corresponder a uma situação clinicamente identificada como causadora de elevado sofrimento físico, podendo ser temporária ou permanente: «com tal designação, quis o legislador fazer referência à doença duradoura, sem que envolva a ideia de perpetuidade» (Oliveira Sá, *apud* Magalhães, 2003, p. 75).

A intensidade do sofrimento[24] pode ser valorizada, através da descrição do tipo de lesões sofridas, dos tratamentos ministrados ao doente (da penosidade e morosidade que envolvem).

Relativamente às "anomalias psíquicas", necessitam pela sua natureza, de uma avaliação pela psiquiatria forense. Muitas vezes, o problema reside no estabelecimento do nexo de causalidade[25] entre a agressão e a anomalia psíquica, que deverá ser devidamente fundamentado no rela-

---

[24] No entendimento de Oliveira Sá (1991, p. 431) a dor é difícil ou mesmo impossível de ser mensurável, devendo o julgador servir-se de índices externos que a caracterizam.

Todavia, a dor implica não só um estímulo sensorial mas também o grau em que esse estímulo é influenciado por factores fisiológicos e psicológicos, depende em última instância, do contexto. Devido a essa natureza multifacturial não existem correlações físicas objectivas, não se podendo por isso, medir a dor com base em critérios objectivos. Apesar desta evidência, existem vários métodos de medição da dor com base na informação recolhida ao próprio doente (escalas binárias, escalas de analogia visual, etc.). Um mesmo doente pode sentir distintas dores, cada uma com carácter diferente. Em consequência, valorar só a dor sem ter em conta o número, o carácter, o comportamento no tempo ou os elementos desencadeantes, pode proporcionar resultados inconsistentes, logo, a conclusões equívocas (Cfr. A R. Jadad/ H. J. Mcquay, «*Medición del dolor*», *in*: *Paul Pynsent*, «*Medición de los resultados en ortopedia*», Masson, S.A., Barcelona, 1996, p.18-33).

[25] Para alguns casos práticos demonstrativos das dificuldades em determinar um nexo causal, v. M.Iorio/P. Malavenda, «*Il trauma come concausa del disturbo mentale – considerazioni medico-legali su un caso atipico*» –, *in*: *Minerva Medicolegale*, 1993; vol. 113, n.º 1, p. 13-15. Ainda sobre esta matéria, cfr. Ian S. Bennun/ Patrick Bell, «*Psychological consequences of road traffic accidents*», *in*: *Med. Sci. Law*, 1999, vol. 39, n.º 2, p. 167-173.

tório médico-legal. Contudo, existem alterações do comportamento humano, variações de humor, desde a euforia à depressão, a agressividade e transtornos emotivos, que têm em muitas situações etiologia traumática devido a ofensa (Oliveira Sá, 1991, p. 433).

A este propósito, importa referir alguns casos de alterações psiquiátricas pós-traumáticas.

Um primeiro caso tem a ver com transtornos de personalidade e de comportamento, decorrentes de doença, lesão e disfunções cerebrais. Trata-se do transtorno orgânico de personalidade, caracterizado por uma alteração significativa dos padrões habituais de comportamento pré-mórbido. Nestas situações a expressão das emoções, necessidades e impulsos é particularmente afectada (Santos Costa, 2002, p. 11). As funções cognitivas podem ficar comprometidas principalmente nas áreas de planeamento e antecipação das prováveis consequências pessoais e sociais, como na chamada "Síndrome do Lobo Frontal".

Embora com os conhecimentos médicos actuais se saiba que essa síndrome não surge apenas com lesões do lobo frontal, podendo abarcar outras áreas cerebrais circunscritas.

Para um diagnóstico definitivo deste tipo de transtorno, é necessário que estejam presentes dois ou mais dos seguintes aspectos:

- Capacidade consistentemente reduzida de perseverar em actividades com fins determinados;
- Alteração do comportamento emocional, caracterizado por labilidade emocional, alegria superficial e imotivada (euforia, jocosidade inadequada) e mudança fácil para a irritabilidade ou explosões rápidas de raiva e agressão; em algumas ocasiões, a apatia pode ser o aspecto mais proeminente;
- A expressão de necessidades e impulsos sem consideração das consequências ou convenção social (o paciente pode envolver-se em actos anti-sociais tais como roubo, propostas sexuais inadequadas, comer vorazmente ou pode exibir desleixo pela higiene pessoal);
- Perturbações cognitivas, na forma de desconfiança ou ideação paranóide;
- Alteração marcada da velocidade e fluxo da produção da linguagem com aspectos como a circunstancialidade, prolixidade, viscosidade e hipergrafia;
- Comportamento sexual alterado (hipossexualidade ou mudança da preferência sexual).

II. Revisão da Literatura

Outro exemplo apresentado por Santos Costa (2002, p. 12) é aquele que se prende com o "Síndrome Pós-Concussional". Este ocorre após um traumatismo craniano[26] suficientemente grave para gerar perda de consciência. Nele encontram-se vários sintomas discrepantes, como a cefaleia, tontura (faltando geralmente os aspectos de vertigem verdadeira), fadiga, irritabilidade, dificuldade em concentrar-se e executar tarefas mentais, comprometimento de memória, insónia e intolerância reduzida a stress, excitação emocional ou ao álcool. Sintomas que podem estar acompanhados de sentimentos depressivos ou ansiedade, derivados de alguma perda de auto-estima e medo de lesão cerebral permanente.

Esta sintomatologia funciona como um círculo vicioso, pois tais sentimentos aumentam os sintomas originais.

Certos pacientes tornam-se hipocondríacos. A etiologia destes sintomas nem sempre se apresenta de forma clara, levando a propor-se para a sua explicação, factores orgânicos e psicológicos. Embora não se ponha em dúvida que tal síndrome seja comum e angustiante para o paciente, a sua nosologia revela-se no entanto incerta. Os resultados dos exames complementares são frequentemente negativos.

Os dois exemplos apresentados inserem-se nas sequelas neuro-psicológicas.

Relativamente às sequelas psiquiátricas, temos o caso do transtorno de Stress Pós-Traumático (neurose traumática) e a alteração permanente da personalidade (Santos Costa, 2002, p. 12-13).

O Transtorno de Stress Pós-Traumático encontra-se previsto na 10ª Revisão da Classificação Internacional das Doenças, da Organização Mundial de Saúde (CID-10), à semelhança do que acontecia desde 1980, com o Manual de Diagnóstico e Estatística dos Distúrbios Mentais da Associação Psiquiátrica Americana (DSM III), pondo alguma ordem na anarquia terminológica (e conceptual) ainda presente na literatura nacional e internacional sobre a avaliação do dano psiquiátrico (Santos Costa, 1998, p. 175).

---

[26] Para uma análise detalhada sobre o impacto colossal das sequelas crânio-encefálicas, v. Marcos Barbosa, «Patologia e Sequelas dos Traumatismos Crânio-Encefálicos», *in*: *"Avaliação do Dano Corporal Pós-Traumático"*, 22.º Tema, Coimbra, 7-3-2002.

Sendo a epilepsia pós-traumática uma das sequelas mais importantes e frequentes dos traumatismos crânio-encefálicos, cfr., Marcos Barbosa/ Gonçalo Costa, «Epilepsia pós-traumática – conceitos médico-legais», *in*: *Revista portuguesa do dano corporal*, 4 (5), 1995, p. 61-71.

II. Revisão da Literatura

O Transtorno de Stress Pós-Traumático é uma resposta tardia e/ou protraída a um evento ou situação stressante (de curta ou longa duração), de uma natureza excepcionalmente ameaçadora ou catastrófica, a qual provavelmente causa angústia invasiva em quase todas as pessoas. Podemos encontrar factores predisponentes, como traços de personalidade (*v.g.* compulsivos, asténicos) ou história prévia de doença neurótica (Santos Costa, 2002, p. 13), que podem baixar o limiar para o desenvolvimento da síndrome ou agravar o seu curso, embora não sejam suficientes para explicar a sua ocorrência.

A sintomatologia típica é apresentada com episódios de repetidas revivescências do trauma sob a forma de memórias intrusas (*flashbacks*) ou sonhos, sensação de embotamento emocional, afastamento de outras pessoas, falta de resposta ao ambiente, anedonia e evitação de actividades recordativas do trauma. Geralmente há um estado de hiperexcitação autonómica com hipervigilância, uma reacção de choque aumentada e insónia. Os sintomas descritos costumam estar associados à ansiedade e depressão, podendo o uso excessivo de álcool ou drogas ser factor de complicação.

O início dos sintomas segue o trauma com um período de latência variável entre poucas semanas a meses (raramente excede os seis meses). Em casos raros, a condição pode tornar-se crónica por muitos anos e passar a configurar uma alteração permanente da personalidade.

Uma vez caracterizada a sintomatologia evidenciada, importa, em termos de perícia psiquiátrica médico-legal, situar o acidente na trajectória histórico-vital do indivíduo, tendo em conta, quer a realidade do traumatismo, quer a noção de estado anterior. Por isso dever-se-á fazer um estudo longitudinal (biográfico) completo e minucioso, registando a história do caso, entre outros, a personalidade prévia e o contexto sócio-familiar do indivíduo, como igualmente objectivar em que medida a realidade e a importância do trauma perturbaram o aparelho psicológico do sujeito, ponderando as manifestações do quadro clínico em função da personalidade e do stress emocional em causa (Santos Costa, 1998, p. 177). É pela reunião destes elementos e da sua discussão que o psiquiatra forense poderá esclarecer a questão do nexo de causalidade e as noções de estado anterior (caracterizado por alterações psiquiátricas sistematizadas, psicóticas ou neuróticas, cuja causalidade, não seria de atribuir ao acidente) e de predisposição (caracterizada por uma perturbação da personalidade), bem como sobre a data da consolidação, ou de estabilização (atendendo particularmente ao desenvolvimento ou não de novos modelos de adaptação e ao grau de organização de planos para o futuro, onde se inclui a preparação para a recorrência do evento traumático), sem deixar de ter em conta os factores de tratamento e de prognose (Santos Costa, 1998, p. 177-178).

A alteração permanente da personalidade manifesta-se como um padrão inflexível e mal-adaptativo de vivenciar e funcionar, levando a problemas duradouros no funcionamento interpessoal, social ou ocupacional e angústia subjectiva (Santos Costa, 2002).

Podem apresentar manifestações, que devem estar presentes por um período de dois ou mais anos, como por exemplo:
- Dependência excessiva e atitude exigente perante os outros;
- Convicção de ter sido alterado ou estigmatizado pela doença precedente, levando a uma incapacidade de estabelecer ou manter relacionamentos pessoais próximos, confidentes e ao isolamento social;
- Persistentes queixas de estar doente;
- Humor lábil ou disfórico;
- Comprometimento significativo no funcionamento social e ocupacional comparativamente com a situação pré-mórbida.

Quanto à alínea d) do art. 144.º do CP, a questão do "perigo para a vida", há que distingui-lo das situações de perigo potencial, ou também designadas de situações de risco (*v.g.* na sequência de poderem surgir complicações). Nesta alínea exige-se um perigo concreto para a vida do ofendido. Neste sentido, o Acórdão do Tribunal da Relação de Lisboa, de 24-IV-91 dispõe: «A criação de perigo para a vida (...), não depende da existência de lesões, de doença ou incapacidade para o trabalho, podendo verificar-se independentemente desse resultado, postulando, todavia, sempre a verificação de uma situação real de perigo, no caso concreto».

Assim, existe perigo para a vida apenas quando se verifica «(...) um perigo sério, actual, efectivo e não remoto ou meramente presumido, para a vida do lesado» (Ac. Rel. Lisboa, 9-IV-91, *apud* Magalhães, 2003, p. 75). Casos em que os sintomas do ofendido são susceptíveis, de acordo com a experiência médica, de determinar com muita probabilidade a sua morte. Aqui se compreendendo situações de prognóstico reservado.

Nesta alínea, incluem-se, portanto, as ofensas corporais de que resulte, com dolo, perigo para a vida. É bastante que esse mesmo perigo só perdure por um curto espaço de tempo.

Preencherá está alínea quem, por exemplo, através de uma ofensa simples, origina, com dolo, perigo para a vida do ofendido, provocando-

II. Revisão da Literatura

-lhe, por exemplo, SIDA (Maia Gonçalves, 2001, p. 496). Nos casos em que não exista dolo, pode o agente ser punido, por ofensa à integridade física negligente (Paula Faria, 1999, p. 233).

Em termos jurisprudenciais, o Ac. do Tribunal da Relação do Porto, de 24-I-2001, considera ter havido perigo para a vida do ofendido por «ter este sido agredido com parte da lâmina de uma enxada, de cima para baixo (dirigida à cabeça) que o atinge no tórax, ao qual causa imediata imobilização, bem como dor física intensa e traumatismo torácico com fractura de dois arcos costais, pneumotórax, e pequenos hematomas, determinantes de 45 dias para tratamento, agressão perpetrada por indivíduo de 20 anos sob pessoa com 65 anos de idade».

Como é de ver, não se poderá concretizar o resultado morte, situação que a verificar-se integraria, em princípio, um crime preterintencional, previsto pelo art. 145.º do CP.

Relativamente à problemática existente sobre a intenção de matar, isto é, se os peritos médico-legais devem ou não pronunciar-se a esse respeito, continua a valer o estabelecido no *Workshop* da Curia (Oliveira Sá, 1991, p. 435-436). O médico perito, quando confrontado com um quesito desta natureza, deve sempre manter-se em silêncio. Mas já pode e deve esclarecer se as lesões, pelo tipo, características, sede, número, etc., são ou não idóneas a produzir a morte.

Analisado o art. 144.º do CP como instrumento de avaliação do dano corporal, torna-se necessário distinguir as situações nele previstas. Assim, na alínea a) prevêem-se as lesões do corpo; na alínea b), as lesões funcionais; e na alínea c) e d), as lesões da saúde.

Nas palavras de Penna (1996, p. 291), podemos então dizer, que a integridade física é o «tegumento íntegro, com os seus músculos esqueléticos em condições, com os seus sentidos em ordem», que é susceptível de sofrer alterações em consequência de uma qualquer agressão» (significativa). Assim, entende-se por ofensa à integridade corporal, todo e qualquer dano, lesão corpórea, somática e/ou anatómica e por ofensa à saúde, os danos fisiológicos, funcionais e inclusive os psíquicos.

Segundo Agustini/Banoni (*apud* Penna, 1998, p. 23), depois da vida, o Direito deve assegurar a integridade do corpo no seu aspecto anatómico e funcional, determinando a punição de acções que perturbem a normalidade da estrutura física e/ou funcional, mesmo psíquica da pessoa, considerada como entidade operante no âmbito da vida social e nas relações interpessoais.

Por sua vez, Bargagna (2001, p. 22-23) afirma que a lesão «*sta nel fatto lesivo, è contenuta in esso e in particolare nel momento in cui si a*

48   II. Revisão da Literatura

l'aggressione del nostro corpo da parte dell'agente vulnerante; è in quel momento che viene ad essere leso il diritto alla salute configurantesi come diritto all'integrità psicofisica». E conclui: *«L'unitarietà della menomazione dell'integrità psicofisica implica una visione globale, compiuta, di tali attributi».*

Pelas especificidades que apresenta, há que ter também em atenção o art. 150.º do CP relativo às "intervenções e tratamentos médico-cirúrgicos", uma vez que o legislador penal, com este artigo, confere um tratamento diferenciado às intervenções médico-cirúrgicas (Paula Faria, 1995, p. 35).

O tratamento médico não constituirá tipicamente uma ofensa corporal se for considerado indicado segundo a experiência e a ciência médica, levado a cabo segundo as *legis artis*, e se destinar à recuperação ou manutenção da saúde do paciente. O conceito de intervenção médico--cirúrgica comporta assim elementos subjectivos e objectivos. Do lado subjectivo exige-se que a intenção terapêutica (entendida amplamente), abranja tanto o diagnóstico como a prevenção e uma específica qualificação do agente ("levadas a cabo por um médico ou por outra pessoa legalmente autorizada"); do lado objectivo, exige-se a indicação médica e a realização segundo as *legis artis*.

É um artigo que deve ser lido numa relação sistemática e de complementaridade normativa com os arts. 156.º (Intervenções e tratamentos médico-cirúrgicos arbitrários) e 157.º (Dever de esclarecimento). Resumidamente pode ser analisado em dois enunciados fundamentais: o primeiro, pela proclamação da atipicidade das intervenções médico-cirúrgicas na direcção dos crimes de ofensas corporais e de homicídio, o segundo, pela punição dos tratamentos arbitrários como autónomo e específico crime contra a liberdade (Paula Faria, 1999, p. 302).

Consequentemente, se as intervenções forem levadas a cabo em campos não cobertos pelos conhecimentos e experiência da medicina, constituirão ofensas à integridade física (Figueiredo Dias, *apud* Paula Faria, 1995, p. 67)[27, 28].

---

[27] Para mais desenvolvimentos, v. Paula Faria, *«Aspectos jurídico-penais dos transplantes»*, Universidade Católica Portuguesa, Porto, 1995, p. 34-75.

[28] Cfr. art. 149.º do CP alusivo ao "Consentimento". Trata-se de um preceito que declara a disponibilidade da integridade física para efeitos do consentimento e complementarmente, oferece-nos alguns tópicos para a compreensão do sentido e alcance da cláusula dos bons costumes. Por conseguinte, os bens jurídicos relativos ao corpo e à saúde

II. Revisão da Literatura

2. NOÇÃO OU CONCEITO DE SAÚDE

O conceito de saúde foi sofrendo alterações espaciais e temporais, segundo a cultura e os valores dos indivíduos.

Assim, podemos encontrar diferentes conceitos de saúde, consoante estejamos perante uma perspectiva biomédica, psicológica ou sociológica.

A definição biomédica de saúde considera apenas o estado fisiológico do indivíduo, como estado de bem-estar de um organismo ou parte dele, caracterizado por um funcionamento normal e não atingido pela doença. Estado caracterizado, portanto, como ausência de um estado negativo.

Por outro lado, a definição psicológica de saúde vem valorizar o facto de os indivíduos estarem constantemente a fazer avaliações subjectivas do seu estado de saúde. Desta forma, o bem-estar psicológico comporta múltiplas dimensões e processos de natureza positiva e negativa.

Quanto à definição sociológica de saúde, esta atribui maior relevo às respectivas influências culturais e estruturais.

A Organização Mundial de Saúde (*apud* Magalhães, 1998, p. 77) declarou que «a saúde é um estado de total bem-estar físico, mental e social e não somente a ausência de doença ou enfermidade». Orientado da mesma forma para esta interpretação, René Dobus (*apud* Magalhães, 2003, p. 69), confere-lhe uma maior objectividade, considerando saúde como um «estado relativamente isento de incómodo e sofrimento».

Por sua vez, em 1957, um grupo de estudo da OMS, tentou dar uma definição operacional a este conceito. Assim, saúde seria «uma condição

---

são livremente disponíveis pelo seu titular, logo, o consentimento exclui a ilicitude, desde que a ofensa não contrarie os bons costumes. Por sua vez, o art. 149.º não se aplica a factos ou eventos, que embora contendam com a integridade física ou com a saúde, não configuram ofensas corporais típicas. Será o caso das situações que caem no âmbito das intervenções médico-cirúrgicas, nos termos do art. 150.º. Mas já poderá ser causa de justificação da ilicitude, noutras situações de ataque à integridade física, que levadas a cabo por médico, não configuram as hipóteses previstas no regime das intervenções médico-cirúrgicas (*v.g.* extracção de órgãos ou tecidos para transplantes e determinadas formas de esterilização, experimentação médico-científica, transexualismo, intervenções de finalidade cosmética, etc. (Manuel da Costa Andrade, «*Comentário Conimbricense do Código Penal*», Tomo I, Coimbra editora, 1999, p. 277 ss).

A este propósito e ao nível do Direito Civil, v. Orlando de Carvalho, «*Teoria Geral do Direito Civil*», Coimbra, 1981, p. 183-185, e em matéria penal, v. p. 189-191.

ou uma qualidade do organismo humano que se traduz no funcionamento adequado do mesmo em dadas condições genéticas ou relativas ao meio ambiente».

Em 1984, outro grupo científico da mesma organização recomendou que se empregasse o termo "perda de autonomia" como ponto final dos estudos epidemológicos das relações entre as doenças, as deficiências e os *handicaps* (*apud* Magalhães, 1998, p. 78).

A definição fixada pela OMS, refere-se a um conceito positivo: saúde é bem-estar; em contraposição ao conceito antigo e superado: saúde é ausência de doença ou invalidez (Sá Jr, S. M, 1984, p. 169-261).

Hinojal Fonseca (1990, p. 300) apresenta o conceito de saúde como o contrário de enfermidade, definindo-a como o estado normal das funções orgânicas ou intelectuais.

Já para San Martín (*apud*, Llorens, 1998, p. 34) a saúde não pode ser definida como um estado estático e absoluto; ela é um fenómeno psicobiológico e social dinâmico, relativo, muito variável na espécie humana. Corresponde a um estado ecológico-fisiológico-social de equilíbrio e adaptação de todas as possibilidades do organismo humano frente à complexidade do ambiente social. Neste conceito de saúde há três aspectos a considerar: um componente subjectivo (bem-estar mental e social, alegria de viver), outro objectivo (capacidade para a função) e um terceiro de tipo psicossocial (adaptação social do indivíduo). Para Llorens (1988, p. 34) o elemento subjectivo, indispensável ao conceito de saúde, é altamente perturbador, quer na perspectiva médico-legal, quer na perspectiva jurídica. A alteração do estado de bem-estar mental e social, de alegria de viver, resulta dificilmente objectivável por parte do perito médico e é tão facilmente vulnerável, que parece exceder o âmbito de protecção da norma, mediante a tipificação das ofensas à integridade física, o qual se vê afectado na sua autonomia, pois este sentido de saúde é susceptível de constituir um bem jurídico protegido por outros tipos legais de crime, como por exemplo, os crimes contra a honra, nos quais também se altera o bem-estar mental e social, a alegria de viver.

Concretizando mais este conceito, Berdugo Gómez de la Torre (*apud*, Llorens, 1988, p. 31) expende que uma concreta diminuição da integridade corporal não é suficiente para se afirmar a existência de uma lesão da saúde pessoal. É necessário que incidindo sobre o sujeito, suponha uma alteração temporal ou permanente no seu funcionamento, que diminua ou condicione as suas possibilidades de participação no sistema social. Segundo Berdugo Gómez de la Torre, o conceito de lesão deve ser

II. Revisão da Literatura

referido ao corpo e suas funções, o corpo e o seu normal funcionamento, de forma a possibilitar a participação do indivíduo no sistema social. Contudo, para a medicina, este não é o entendimento actual do conceito de saúde. A saúde é um direito fundamental da pessoa, um bem jurídico a proteger, mas resulta demasiado extensivo para o crime de ofensas à integridade física.

A saúde pode também ser perspectivada como uma componente essencial da qualidade de vida. A OMS, em 1974, designou de qualidade de vida a "percepção, por parte de indivíduos ou grupos, da satisfação das suas necessidades e daquilo que não lhes é recusado nas ocasiões propícias à sua realização e à sua felicidade" (Couvreur, *apud* Marins, p. 5).

Ramos (*apud,* Cardoso, 2001, p. 70) entende por qualidade de vida um «conjunto harmonioso e equilibrado de realizações em todos os níveis, como: saúde, trabalho, lazer, sexo, família, desenvolvimento espiritual».

No entender de Penna (1996, p. 47) a qualidade de vida é o julgamento que o indivíduo faz sobre o bem ou a satisfação que extrai da vida que leva ou sobre alguma das suas partes.

O direito à saúde está consagrado constitucionalmente como fundamental direito do indivíduo e interesse da colectividade (v. art. 25.º e 64.º da CRP, 2005). Na verdade, o direito à saúde parece estar protegido enquanto direito, liberdade e garantia, incluindo integridade física e moral da pessoa. E, no artigo 64.º da CRP, a saúde surge-nos como direito social.

No entanto, na nossa Constituição, podem colocar-se dúvidas relativas ao posicionamento e qualificação deste direito na matéria atinente aos Direitos Fundamentais, nomeadamente, nos Direitos, Liberdades e Garantias, mas não se poderá pôr em causa a sua necessária consistência para que lhe seja reconhecida dignidade constitucional. Pode procurar-se saber se a protecção dispensada pelo n.º 1 do art. 25.º, segundo o qual «a integridade física e moral das pessoas é inviolável», abrange o direito à saúde enquanto direito da personalidade.

Por outro lado, no art. 70.º, n.º 1 do Código Civil, apresenta-se como um direito geral de personalidade (Neto, 1987, p. 55). Dispõe este artigo que «A lei protege os indivíduos contra qualquer ofensa ou ameaça de ofensa à sua personalidade física ou moral». De acordo com Vieira de Andrade[29], relativamente ao direito geral de personalidade, esclarece que

---

[29] Vieira de Andrade, «*Os Direitos Fundamentais na Constituição Portuguesa de 1976*», Almedina, 2004, p. 86.

se tratava de um direito fundamental que não estava especificamente protegido pela Constituição. Um direito que constituía posições jurídicas subjectivas, universais e permanentes, directamente ligadas à dignidade dos homens, mostrando uma analogia flagrante com o direito à integridade moral e física (art. 25.º da CRP), e já eram, por isso, considerados pela doutrina como direitos fundamentais. E acrescenta, relativamente ao n.º 1 do art. 16.º da CRP, ser legítimo concluir que a ordem jurídico-constitucional protege, e não exclui, a existência de direitos fundamentais contidos em normas legais e internacionais (Vieira de Andrade, 2001, p. 73).

A este respeito, Pelagatti (1995, p. 6) considera que *«La nozione di salute constituzionalmente rilevante comprende (...), non solo gli aspectti relativi all'integrità fisica, ma pure, ogni altra condizione che assicuri all'individuo quell'equilibrio psicofisico indispensabile per la piena realizzazione della sua personalità nella globalità dei suoi valori».*

Desta forma, deve reconhecer-se o direito à saúde como fundamental direito do indivíduo, fundado no direito de liberdade, correspondente a uma outra essência humana, inerente à sociedade contemporânea (Pelagatti, 1995, p. 19).

Orlando de Carvalho (1981, p. 198) considera que a saúde é um «equilíbrio basicamente não alterado das prévias condições físico-psíquicas, e não propriamente inalterado».

Elena Domingo (1994, p. 138-140), partindo da noção de saúde da OMS, conclui que qualquer concepção que não veja o corpo humano como uma entidade una, está condenada a confrontar-se com diversas dificuldades não apenas de índole metafísica ou ética mas também em matéria de avaliação e reparação de danos corporais. Prosseguindo na sua análise, considera que sempre que se lesa a integridade física e psíquica da pessoa estaremos perante uma lesão ou ofensa a um bem juridicamente protegido designado saúde, um dano à saúde. Por vezes, este tipo de dano é designado dano biológico (conceito eminentemente médico-legal), querendo significar a diminuição somático-psíquica do indivíduo, tendo presentes os aspectos anatómicos e fisiológicos. Assim, trata-se de um conceito médico, sendo o dano à saúde um conceito jurídico-normativo que a doutrina vem identificando com o dano corporal[30].

---

[30] Como explana Elena Vicente Domingo, *«Los daños corporales: tipologia y valoracion»*, Barcelona, 1994, p. 138-139, será mais correcto identificar o dano corporal e o dano à saúde. Trata-se, neste último, *«de un concepto bastante novedoso, cuya*

II. Revisão da Literatura

Do exposto, podemos retirar, que o direito à saúde corresponderá a um estado de equilíbrio, das condições físicas e psíquicas, prévio à agressão.

3. NOÇÃO OU CONCEITO DE DOENÇA

A história da saúde e da doença é, desde os tempos mais longínquos, cheia de construções e significações sobre a natureza, as funções e a estrutura do corpo, bem como sobre as relações corpo/mente e pessoa/ambiente.

Aparecem vários modelos explicativos com diferentes concepções de doença.

Assim, para o modelo biomédico da medicina, as doenças advêm do exterior do corpo (Ogden, 1999, p. 16), invadindo-o e causando mudanças físicas internas involuntárias. Doenças podem resultar de vários factores (*v.g.* desequilíbrios químicos, bactérias, vírus e predisposição genética).

Para este modelo, saúde e doença são qualitativamente diferentes – ou se é saudável ou se está doente.

Engel (*apud* McHugh, 1986, p. 2), considera que «*the biomedical model has assumed the status of cultural imperative, with fusion (and confusion) of scientific and folk models*».

Foi Engel quem desenvolveu o modelo biopsicossocial. Este modelo representou uma tentativa para integrar o psicológico («psico») e o meio ambiente («social») no modelo de saúde biomédico tradicional («bio»).

Assim, surgem os conceitos de *disease, illness e sickness*.

Neste sentido, Barondess (McHugh, 1986, p. 4), descreve-nos *"disease"* «*as a biologic event, characterized by anatomic, physiologic or biochemical changes, or by some mixture of these*». E *"illness"* é definido como «*the subjective experience consisting (…) of an array of discom-*

---

creación proviene de la doctrina italiana que por tal entiende, el perjuicio que deriva de la lesión de uno de los derechos de la personalidad – la integridad física – y es susceptible de valoración económica independiente». Esta identificação entre o dano corporal e o dano à saúde, «*también se identifica con el perjuicio fisiológico; terminología que impera en la doctrina francesa para referirse al daño a la integridad física y psíquica de la persona, se denomina así porque afecta, (...) a la esfera funcional con independencia de la pérdida de rentas que pode ocasionar*».

forts and psychosocial dislocations resulting from interaction of a person with the environment. The environmental stimulus may be a disease, but frequently it is not».

Por sua vez, Arthur Cot (McHugh, 1986, p. 75) define *disease «as an observable or inferred physical condition resulting from any sort of lesion, insult, infection, or other homeostatic dysfunction» e illness «as the whole array of subjective states and other overt responses and behaviours which are presented by individuals as in some way being disabling or disruptive to their normal lives and which they attribute to a disease determinant».*

O termo "*sickness*" transcende ambos os conceitos, focalizando-se nas consequências sociais.

O conceito de saúde da OMS reconhece que a etiologia da doença, nomeadamente, da doença mental é biopsicossocial, ou seja, composta pela relação entre aspectos biológicos, psicológicos e sociais. No entanto, a definição da OMS parece ser idealista, ao conter expressões como «pleno», «perfeito», «completo», parece querer denotar que para se ter "saúde mental", deveriam as pessoas não ter problemas, serem "normais" (Cardoso, 2001, p. 67).

Paulo Dalgalarrondo (*apud* Cardoso, 2001, p. 67) afirma que o conceito de normalidade em psicopatologia é uma questão extremamente controversa. Podemos encontrar muitos casos limítrofes de difícil delimitação entre comportamentos "normais" e "patológicos". A definição de normalidade desdobra-se em várias áreas de pesquisa e intervenção da saúde mental (*v.g.* psiquiatria forense, epidemologia psiquiátrica, prática clínica, etc.). Assim, podíamos ter como normalidade a ausência de doença. Normal seria, neste caso, o indivíduo que não é portador de um transtorno mental definido. É um critério precário e redundante. Ao basear-se numa definição negativa, ou seja, define normalidade não por aquilo que supostamente é, mas pelo que lhe falta, não tem qualquer consistência.

A normalidade pode também ser entendida como bem-estar. Conceito criticável porque vago e impreciso. Para este conceito, poucas seriam as pessoas consideradas saudáveis. Muitos outros conceitos de normalidade existem, como por exemplo, "normalidade ideal", "normalidade estatística", "normalidade funcional", "normalidade como processo", "normalidade subjectiva", "normalidade como liberdade", etc., mas todos eles revelam-se arbitrários e com pouca solidez.

Torna-se pertinente distinguir, para uma melhor determinação do conceito de doença, o início do sintoma do início da doença.

II. Revisão da Literatura

Esta diferenciação é importante, uma vez que o início do sintoma é totalmente independente e diferente de início da doença. Se é certo que em alguns casos, essa determinação pode ser coincidente (*v.g.* isquémia do miocárdio; hemorragia cerebral, etc.), noutros, o início dos sintomas é pouco expressivo, lento, evoluindo muitas vezes silenciosamente. Em muitos casos, a evolução da doença é silenciosa, ou seja, assintomática.

Na perspectiva médico-legal, doença (Oliveira Sá, 1991, p. 413) é uma alteração anatómica ou funcional do organismo, geral ou local, com carácter evolutivo, seja para a cura, seja para a consolidação ou para a morte.

E para Duarte Nuno Vieira (2000, p. 24) há cura sempre «que o indivíduo recuperou totalmente das lesões sofridas, voltando a estar exactamente na mesma situação em que se encontrava antes do dano se ter produzido». Significa que do dano não resultaram quaisquer sequelas, havendo uma recuperação anatómica, funcional e psico-sensorial integral. Quando tal não acontece, fala-se em consolidação. Esta é definida como o «momento em que na sequência de um período transitório que constituiu a fase de cuidados, a lesão ou lesões se fixaram (estabilizaram) e tomaram um carácter permanente, de tal forma que qualquer tratamento não é mais necessário a não ser para evitar um agravamento, e em que é possível constatar um determinado prejuízo a título definitivo». Nesta visão, a consolidação é a estabilização com sequelas.

Santana Rodrigues *(apud,* Carlos Lopes, 1982, p. 60) considera doença o «estado anátomo-fisiológico anormal caracterizado por um conjunto de sinais objectivos físicos ou psíquicos, locais ou gerais».

Para Penna (1998, p. 460), não se deve considerar doença em termos genéricos, significando qualquer desvio do estado normal, pois nesse caso, ter-se-ia que admitir que uma cicatriz, uma equimose, uma escoriação, etc., seriam doenças, o que é inadmissível sob o ponto de vista médico e principalmente médico-legal.

Na doença deve haver um desvio considerável do estado normal seja do ponto de vista anatómico e/ou funcional.

No mesmo sentido se pronunciou o Acórdão do Tribunal da Relação do Porto, de 15-VI-83, ao determinar que «Do art. 143.º do Código Penal vigente pode concluir-se que não é qualquer alteração orgânica resultante de ofensa corporal que a lei considera doença». E «não há razões para crer que o Código vigente tenha pretendido adoptar, para a palavra doença, significado diferente do que tem nas ciências médicas e na linguagem comum».

Actualmente podemos encontrar uma nova forma de entender a saúde e a doença, através de uma nova medicina das emoções. Na verdade, os actuais estudos feitos ao cérebro revelam que no seu interior existe um cérebro emocional, um verdadeiro «cérebro dentro do cérebro» (Servan-Schreiber, 2003, p. 13-23). Trata-se de um cérebro com uma arquitectura e organização celular diferente. E até as próprias propriedades bioquímicas se distinguem do resto do «*neocórtex*», que é responsável pela linguagem e pensamento.

O cérebro emocional pode funcionar independentemente do «*neocórtex*», onde a linguagem e a cognição têm sobre ele uma influência diminuta. O cérebro emocional «controla tudo o que rege o bem-estar psicológico e uma grande parte da fisiologia do corpo: o funcionamento do coração, a tensão arterial, as hormonas, o sistema digestivo e mesmo o sistema imunitário» (Servan-Schreiber, 2003, p. 20). Assim, as desordens emocionais são resultado de disfuncionamentos do cérebro emocional. Disfuncionamentos esses que têm origem em experiências dolorosas vividas (como se pode observar na imagem que se segue) no passado sem relação com o presente, mas que deixam marcas profundas no cérebro emocional.

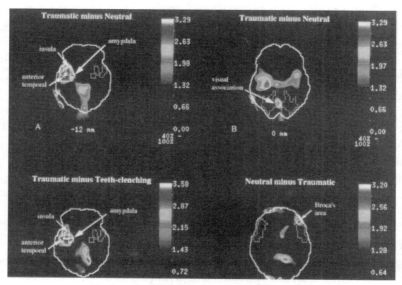

Imagem n.º 1: O cérebro traumatizado

Fonte: SERVAN-SCHREIBER, David – Curar: o stress, a ansiedade e a depressão sem medicamentos nem psicanálise, 2003, p. 128.

II. Revisão da Literatura 57

«Qualquer traumatismo emocional deixa uma cicatriz no cérebro. Esta imagem é retirada de um estudo do laboratório do professor Rauch, da universidade de Harvard, durante o qual se fazia ouvir aos indivíduos traumatizados o relato do pior momento do que eles haviam vivido. Em cima, à esquerda, vemos a activação do centro do medo no cérebro emocional (a região da amígdala). Em cima, à direita, observamos a activação do córtex visual, como se o indivíduo visse uma imagem do acontecimento traumático. Em baixo, à direita, verifica-se uma desactivação (uma espécie de «anestesia») da região do córtex responsável pela experiência da linguagem, como se o medo tivesse «desligado» a palavra».

São essas vivências dolorosas que controlam, muitas vezes, a nossa maneira de sentir e o nosso comportamento e que por vezes só revelam os seus sintomas muitos anos mais tarde. Para esta perspectiva, a saúde seria um equilíbrio entre a emoção e a razão (como se pode ver na imagem número 2). O termo que melhor define este equilíbrio é a «inteligência emocional». Um conceito que se deve aos investigadores da universidade de Yale e do New Hampshire (Mayer, J.D *apud* Servan-Schreiber, 2003, p. 26). O mesmo entendimento tem Damásio (*apud* Servan-Schreiber, 2003, p. 33) ao considerar que «a vida psíquica é o resultado de um esforço permanente da simbiose entre os dois cérebros. De um lado, um cérebro cognitivo, consciente, racional e voltado para o mundo exterior». De outro lado, o cérebro emocional «inconsciente» e que se preocupa primeiramente com a sobrevivência. É um cérebro que permanece conectado com o corpo. Trata-se de dois cérebros com certa independência um do outro, cada um deles contribuindo de forma diferente para a nossa experiência de vida e para o nosso comportamento.

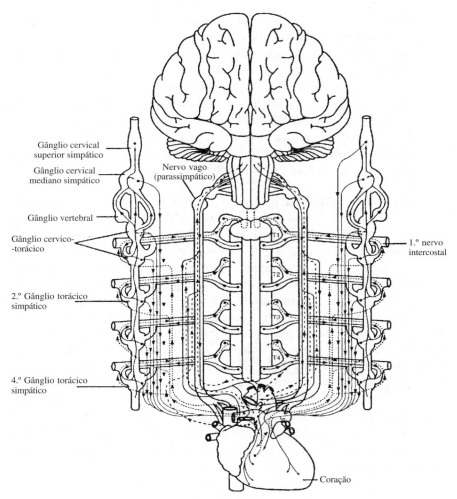

Imagem n.º 2: O coração e a razão

Fonte: SERVAN-SCHREIBER, David – Curar: o stress, a ansiedade e a depressão sem medicamentos nem psicanálise, 2003, p. 51.

«A rede semi-autónoma de neurónios que constitui o «pequeno cérebro do coração» está profundamente interconectado com o cérebro propriamente dito. Juntos, constituem um verdadeiro «sistema coração-cérebro». No interior deste sistema, os dois órgãos influenciam-se reciprocamente a cada instante. Entre os mecanismos que ligam o coração e o cérebro, o sistema

II. Revisão da Literatura 59

nervoso autónomo desempenha um papel particular importante. Este é constituído por dois ramos: o ramo dito «simpático» acelera o coração e activa o cérebro emocional, enquanto o ramo dito «parassimpático» desempenha um papel de travão em ambos».

Paul Broca (*apud* Servan-Schreiber, 2003, p. 33), um neurologista francês, foi o primeiro a descrevê-lo, dando-lhe a designação de cérebro «límbico». Este cérebro é constituído pelas camadas mais profundas do cérebro humano. David Servan-Schreiber pôde constatar, através de uma imagem (obtida por IRM – o scanner de imagem funcional por ressonância magnética) realizada no seu laboratório de ciências neuro-cognitivas, na universidade de Pittsburgh, que quando se injecta a voluntários uma substância que estimula directamente o cérebro mais profundo, responsável pelo medo, o cérebro emocional fica activado, enquanto, à sua volta, o «*neocórtex*» não revela qualquer actividade. Servan-Schreiber explica que o cérebro emocional tem uma organização mais simples do que a do «*neocórtex*». Diversamente do que se passa com este último, a maioria das áreas do cérebro límbico não está organizada em camadas regulares de neurónios responsáveis pelo tratamento da informação. Devido a esta estrutura mais rudimentar, o tratamento da informação por parte do cérebro emocional é mais primitivo do que o efectuado pelo «*neocórtex*»; todavia, é mais rápido e mais adaptado a reacções essenciais à sobrevivência. Ele recebe permanentemente informações de diversas partes do corpo e a elas responde de forma adequada controlando o equilíbrio fisiológico. Desta forma, o cérebro límbico tem um importante papel: o de manter as diferentes funções em equilíbrio (Servan-Schreiber, 2003, p. 34-35).

Deste ponto de vista, o cérebro emocional tem uma relação mais íntima com o corpo do que com o cérebro cognitivo, razão pela qual é mais fácil aceder às emoções através do corpo do que através da palavra. A equipa de Patricia Goldman-Rakic (*apud* Servan-Schreiber, 2003, p. 39) demonstrou que o cérebro emocional é capaz de «desligar» o córtex pré-frontal, a parte mais avançada do cérebro cognitivo. Por isso, quando estamos sob o efeito de grande *stress,* quando as nossas emoções estão exacerbadas, «esta preempção do cérebro emocional em relação ao cognitivo começa a dominar no nosso funcionamento mental». Em consequência, perdemos a capacidade de controlar o fluxo dos nossos pensamentos. É o que acontece, por exemplo, em consequência de um traumatismo emocional de certa gravidade e é também isso que explica o «temperamento demasiado sensível» de pessoas que sofreram abusos físicos, sexuais ou simplesmente emocionais (Servan-Schreiber, 2003, p. 39). Esse curto-circuito emocional também justifica os casos que se podem encontrar na prática clínica, nomeadamente, o estado de «*Stress* Pós-Traumático».

Por sua vez, o sistema nervoso autónomo é «constituído por dois ramos que inervam cada um dos órgãos do corpo a partir do cérebro emocional» (Servan-Schreiber, 2003, p. 50). Trata-se do sistema «simpático», que liberta adrenalina e noradrenalina, sendo responsável pelo controle das reacções de «combate e fuga». A sua actividade acelera o ritmo cardíaco. E o outro ramo, dito «parassimpático», liberta um neurotransmissor (acetilcolino) diferente, responsável pelos estados de relaxação e de tranquilidade. A sua actividade faz o coração bater mais devagar.

Significa que quando não existe um equilíbrio entre os dois sistemas enunciados, o cérebro cognitivo, que contém todo o conhecimento apropriado, não consegue entrar em contacto com as partes do cérebro emocional marcados por determinados traumas, os quais continuam a evocar emoções dolorosas.

A medicina chinesa e tibetana consideram que a medicina ocidental tem uma «visão ao contrário dos problemas emocionais; ficam surpreendidos por verificar que aquilo a que chamam depressão ou ansiedade e o stress têm sintomas físicos. Falam de cansaço, de coração a bater de forma irregular, de perda de peso, como se tratasse de manifestações físicas de um problema mental» (Servan-Schreiber, 2003, p. 118). Diferentemente, a medicina oriental considera que a «tristeza, a perda de auto--estima, o sentimento de culpa, a ausência de prazer são manifestações mentais de um problema físico».

Por conseguinte o nosso estado de saúde/doença passa pela existência ou inexistência desse equilíbrio entre o sistema «simpático» e «parassimpático», ou seja, do equilíbrio entre o cérebro «emocional» e o cérebro cognitivo.

4. RELATÓRIOS MÉDICO-LEGAIS NO ÂMBITO PENAL

É prática na clínica médico-legal, em matéria penal, utilizar uma metodologia bem diversa da adoptada nos relatórios médico-legais, em matéria cível.

II. Revisão da Literatura

Os relatórios de exame médico-legais no âmbito penal visam definir em termos técnicos e num quadro jurídico determinado, as lesões e os elementos de dano susceptíveis de serem objecto de sanção penal e/ou indemnização. Para esse efeito utiliza-se um modelo geral de relatório pericial constituído por:

- Preâmbulo, onde se deve indicar o n.º do exame médico-legal, a data do exame médico-legal, o tipo de exame médico-legal (directo, sanidade, complementares), identificação do processo judiciário; identificação da vítima, nome, filiação, sexo, data de nascimento, estado civil, profissão, naturalidade, nacionalidade, residência, bilhete de identidade, impressão digital do dedo indicador direito.
- Identificação;
- Informação, correspondente à história do evento (informação da vítima e do seu representante) e relativa a dados documentais (documentos clínicos);
- Descrição das lesões (o perito só descreve o que vê);
- Discussão (não é obrigatório, só se utiliza quando seja necessário para justificar as conclusões);
- Conclusões: quanto à natureza do instrumento (*v.g.*, contundente, cortante, corto-contundente, corto-perfurante);
- Quanto às consequências temporárias das lesões expressas em dias de doença, com ou sem incapacidade para o trabalho; e quanto às consequências permanentes (se resultaram ou não qualquer das consequências previstas pelo artigo 144.º do CP).
- Quanto ao tipo de exames:
- Exames directos, é o primeiro exame a ser feito, onde se analisam e se descrevem as lesões (se existirem). É a partir deste exame que se vai constituir a informação;
- Exames de sanidade, há sempre este exame, quando no exame directo as lesões apresentadas ainda não estão curadas. Faz-se o exame de sanidade para a avaliação da evolução das lesões.
- Exames complementares, são os exames documentais, os exames clínicos (sem a presença da vítima).

As entidades requisitantes de exames médico-legais podem ser várias: Ministério Público e Tribunais, Polícias, Hospitais, Associações de Apoio à Criança e à Família, Representante da Vítima, Vítima, outros.

Distanciando-se deste modelo, temos os relatórios médico-legais em matéria cível. Estes devem ser o mais completos possíveis, permitindo a compreensão do prejuízo real por parte de quem tem de assegurar a indemnização. Devem permitir a comparação em caso de nova perícia, possuir uma coerência lógica, respeitando uma linha de exposição de pensamento. É constituído por um Preâmbulo que identifica a vítima/ sinistrado, com o nome, data de nascimento, estado civil, etc. Quanto à Informação, esta deve englobar a história dos acontecimentos imediatos e de toda a evolução até ao momento da peritagem. Seguem-se os Dados Complementares. A sua recolha é fundamental, pois são eles que fornecem a prova do dano. Temos também o Estado Actual, subdividido em três itens: as queixas, onde se deve ser o mais descritivo possível, reproduzindo textualmente (se necessário) as queixas da vítima/sinistrado, deixando bem claro quais as repercussões das sequelas na vida quotidiana, actividades afectivas, etc. O exame objectivo, muito descritivo, detalhado e claro, permitindo a compreensão das sequelas por parte de quem não tem formação médica; os exames complementares, a discussão, que inclui nove itens. São eles: o nexo de causalidade, data de consolidação; incapacidade temporária (geral e profissional; total e parcial), *quantum doloris*, dano estético, incapacidade geral permanente, dano futuro, rebate profissional e prejuízo de afirmação pessoal. E, por último, e relativamente a cada um dos parâmetros do dano avaliados, temos as conclusões.

Com todos estes parâmetros, a avaliação do dano corporal em direito civil, procura a reparação integral do dano, restabelecendo tão exactamente quanto possível o equilíbrio, destruído pelo dano e recolocar a vítima a expensas do responsável, na situação em que este se encontraria se o acto produtor das lesões não tivesse ocorrido[31].

---

[31] Sobre a avaliação do dano corporal em direito civil, seguimos o pensamento dos seguintes autores – Oliveira Sá, F., «*Clínica Médico-Legal da Reparação do Dano Corporal em Direito Civil*». Ed. da APADAC, Coimbra, 1992; p. 33-51; 77-101; 125-161. Jadad, R.; Mcquay, H. J., «*Medición del Dolor*», ob. cit.

III. CONTRIBUTO PESSOAL

MATERIAIS E MÉTODOS

1. MATERIAL

A avaliação foi feita com base nos dados recolhidos no Serviço de Clínica Médico-Legal, em matéria penal. Para a escolha de informação relevante, tivemos em conta a própria metodologia utilizada nos relatórios médico-legais. Por conseguinte seguimos o modelo geral de relatório pericial penal.

Assim, do Preâmbulo e da Identificação retiramos o número de exame médico-legal (exame directo), a data (ano, mês, dia), identificação do tribunal competente, identificação da entidade requisitante, identificação da vítima, nome, sexo, data de nascimento, naturalidade, nacionalidade, estado civil e profissão. Procuramos também, no processo, elementos relativos à reincidência médico-legal.

Da Informação e Descrição das lesões, incluímos a história do evento (queixa), os dados documentais (documentos clínicos), o instrumento da agressão, a localização da agressão e a descrição das lesões e sequelas (tipos).

Por sua vez das Conclusões retiramos informação sobre a natureza do instrumento, as consequências temporárias das lesões (em dias de doença), as consequências permanentes (art. 144.º do CP).

A partir desta análise de dados recolhidos no Instituto Nacional de Medicina Legal – Delegação de Coimbra, fixamos, para o ano de 1998, trinta variáveis, algumas das quais foram preenchidas com a análise dicotómica sim/não. No entanto, dessas trinta variáveis, foram seleccionadas apenas as que poderiam dar resposta aos objectivos enunciados. Assim, a base de dados foi elaborada com dezassete variáveis.

➤ CRITÉRIOS DE INCLUSÃO NA AMOSTRA

A necessidade de homogeneizar e validar a amostra levou-nos a estabelecer os critérios de inclusão para as seguintes variáveis:

A. TRIBUNAL COMPETENTE

1. Coimbra
2. Estarreja
3. Anadia
4. Santa Comba Dão
5. Leiria
6. Oliveira do Bairro
7. Guarda
8. Alcobaça
9. Covilhã
10. Estabelecimento Prisional Regional de Coimbra
11. Montemor-o-Velho
12. Condeixa-a-Nova
13. Arganil
14. Pombal
15. Lousã
16. Tábua
17. Oliveira do Hospital
18. Figueira da Foz
19. Penacova
20. Matosinhos
21. Pampilhosa da Serra
22. Penela
23. Almada
24. Nelas
25. Braga
26. Loures
27. Portimão
28. Soure
29. Viseu
30. Nazaré
31. Velas

B. ENTIDADE REQUISITANTE

1. Ministério Público (M.P.)
2. Polícia Judiciária (P.J.)
3. Guarda Nacional Republicana (G.N.R.)
4. Polícia de Segurança Pública (P.S.P)
5. Vítima
6. Estabelecimento Prisional Regional de Coimbra

C. SEXO

1. Feminino
2. Masculino

D. ESTADO CIVIL

1. Solteiro
2. Casado
3. Viúvo
4. União de facto

E. REINCIDENTE MÉDICO-LEGAL

1. Sim
2. Não

F. NATURALIDADE

1. Estrangeiro
2. Aveiro
3. Braga
4. Bragança
5. Castelo Branco
6. Coimbra
7. Évora
8. Faro
9. Guarda
10. Leiria
11. Lisboa
12. Porto
13. Santarém

14. Viana do Castelo
15. Vila Real
16. Viseu
17. Sem informação

G. RESIDÊNCIA

1. Aveiro
2. Beja
3. Braga
4. Castelo Branco
5. Coimbra
6. Guarda
7. Leiria
8. Lisboa
9. Santarém
10. Viseu
11. Estrangeiro
12. Sem informação

H. QUEIXA

1. Agressão corporal
2. Agressão com instrumento
3. Agressão corporal e com instrumento
4. Colisão de viaturas
5. Atropelamento
6. Outros

I. TIPO DE OBJECTO

1. Contundentes
2. Corto-contundentes
3. Cortantes
4. Perfurantes
5. Perfuro-contudentes
6. Projécteis de armas
7. Agentes que actuam sob a acção do calor
8. Substâncias cáusticas
9. Electricidade

10. Engenhos explosivos
11. Misto/Vários

J. LOCAL DA AGRESSÃO

1. Cabeça
2. Tronco
3. Membros
4. Misto/Vários

K. PROFISSÕES DE ACORDO COM A CLASSIFICAÇÃO NACIONAL DE PROFISSÕES (INE, 2004):

1. Membros das Forças Armadas
2. Quadros Superiores da Administração Pública, Dirigentes e Quadros Superiores de Empresa
3. Técnicos e Profissionais de Nível Intermédio
4. Pessoal Administrativo e Similares
5. Pessoal dos Serviços e Vendedores
6. Agricultores e Trabalhadores Qualificados da Agricultura e Pescas
7. Operários, Artífices e Trabalhadores Similares
8. Operadores de Instalações e Máquinas e Trabalhadores da Montagem
9. Trabalhadores não Qualificados
10. Doméstica
11. Reformados
12. Estudantes
13. Desempregados

L. COM INCAPACIDADE PARA O TRABALHO

1. Sim
2. Não

M. SEQUELAS

1. Sim
2. Não

N. Tipos de Sequelas

1. Ortopédicas
2. Cicatriciais
3. Anatómicas
4. Psiquiátricas e/ou Psicológicas

O. Artigo 144.º do Código Penal

1. Sim
2. Não

P. Observações

1. Apresenta sinais objectivos de lesões traumáticas ou seus vestígios
2. Não apresenta sinais objectivos de lesões traumáticas ou seus vestígios

Quanto ao número de processos analisados, podemos precisar que foram vistos 3100 processos relativos ao ano de 1998 e 4211 respeitantes ao ano de 1999. Contudo, apenas nos reportamos, para a nossa amostra, ao ano de 1998.

Para o tratamento estatístico foi utilizado o programa SPSS for Windows (*Statistical Package for Social Sciences*) versão 10.0 para PC. Os gráficos foram realizados em Microsoft Excel para Windows XP.

2. MÉTODO

A metodologia seguida para a recolha da amostra parte da procura de um conceito[32] de saúde física e psíquica nos crimes contra a integridade física, através da pesquisa empírica da ofensa no corpo e/ou na saúde, em matéria penal. Para chegarmos a um conceito precisamos de

---

[32] Segundo e nas palavras de Abramson JH (*apud* Magalhães, 1998, p. 93), um conceito é uma ideia ou objecto concebido pelo espírito ou adquirido por ele, e que permite organizar as percepções ou os conhecimentos. A ciência estabelece conceitos para descrever um fenómeno que tenta explicar e, a partir dele, ordena, compara e, se possível, quantifica e formula hipóteses, tendências ou leis do fenómeno.

Materiais e métodos 71

ter parâmetros de avaliação das dimensões humanas inerentes a cada indivíduo, potencial vítima de lesões. Utilizando o conceito de saúde da OMS, ou seja, saúde como estado de total bem-estar físico, mental e social, era necessário criar variáveis que nos permitissem aferir se essa "integridade pessoal" fora lesionada em todos ou em algum desses aspectos. Precisávamos, por isso, de avaliar o dano corporal sofrido pela possível vítima, em quatro dimensões: o organismo, as funções ou capacidades, o plano intra-psíquico e o meio ambiente no qual actua (Cf. Magalhães, 1998, p. 94). A partir destas dimensões seria possível determinar qualitativa e quantitativamente, o tipo de lesões sofridas pelo ofendido. Nesse sentido o dano no organismo (dano estrutural *major,* que tem maior repercussão ao nível da anatomia) corresponderá às sequelas anatómicas; o dano nas funções (dano ortopédico) correspondente às sequelas ortopédicas; o dano "físico" (dano estrutural *minor)* correspondente às sequelas cicatriciais; finalmente, as sequelas psiquiátricas e/ou psicológicas onde se integram a "queixa" (história pessoal do evento), a profissão, a idade, o sexo, o contexto sócio-histórico do ofendido, incluindo a sua dimensão inter-relacional/afectiva (dano psíquico e/ou psicológico).

Todos estes elementos permitirão, através do apuramento estatístico dos seus valores, em cada um dos itens previamente estabelecidos, apurar o tipo, localização, gravidade e consequências da lesão na saúde pessoal[33].

Por outro lado, a natureza do objecto da agressão, a região corporal atingida e as consequências resultantes dessa agressão (os dias de doença e de incapacidade para o trabalho), os vestígios observáveis, a frequência com que preenchem o art. 144.º do CP, serão indicadores da intensidade ou gravidade das lesões. Por outra via, a ausência destes indicadores, poderão aferir o tipo de lesões em causa, isto é, se estaremos perante lesões que na perspectiva médico-legal e jurídica possam ser consideradas lesões significantes.

Para a análise destes dados, partimos do geral para o particular. Significa que identificaremos o universo da nossa amostra (idade, sexo, profissão, estado civil, residência, entidade requisitante, sequelas gerais e objecto da agressão), para posteriormente apresentarmos o tipo de

---

[33] Com a expressão saúde pessoal, queremos fazer referência ao equilíbrio biopsicossocial, resultante da comunicação existente entre o "eu-ofendido" com o "outro- -ofensor" e a realidade social, por intermédio da comunicação existente entre a Medicina Legal e o Direito. Teremos oportunidade de desenvolver este "equilíbrio biopsicossocial" quando entrarmos na discussão dos resultados.

72 *III. Contributo Pessoal*

sequelas, as sequelas com ou sem incapacidade para o trabalho, as sequelas que originaram dias de doença, etc. Assim, partindo do particular e dos resultados que nos apresenta, tentarmos chegar a um conceito de saúde física e psíquica nos crimes contra a integridade física.

Como análise descritiva dos dados, apresentamos quadros com valores expressos em percentagem e outros com número de casos.

➤ CONSTITUIÇÃO DA AMOSTRA

A amostra, recolhida no Instituto Nacional de Medicina Legal – Delegação de Coimbra, foi seleccionada a partir dos relatórios do Serviço de Clínica Médico-Legal, em matéria penal. A população alvo foi constituída pelo universo de pessoas pertencentes aos concelhos abrangidos pela sua área de jurisdição. Dentro dos vários tipos de queixas existentes, apenas seleccionámos as queixas contra a integridade física. Para validarmos estatisticamente toda a informação obtida, tivemos em conta a totalidade de processos existentes entre os anos de 1998 a 2003 (Tabela1). Determinámos uma taxa percentual de 10%, para obtermos o número de processos que precisávamos de analisar em cada ano, sendo este número de 392,65 processos. Deste total, estudamos 32,7 processos por mês. Assim, a totalidade da nossa amostra de estudo foi de 394 casos, escolhidos aleatoriamente.

ANO	NÚMERO DE PROCESSOS
1998	3100
1999	4211
2000	4998
2001	6200
2002	2600
2003	2450
	TOTAL = 2354.8

Tabela 1. Estatística do Serviço de Clínica Médico Legal do INML de 1998 a 2003.

RESULTADOS

1. DESCRIÇÃO DA POPULAÇÃO ESTUDADA

1.1. Distribuição por sexos

Relativamente à distribuição da amostra por sexos, a população estudada é constituída predominantemente por indivíduos de sexo feminino. Assim, analisando os dados obtidos dos 394 casos, 199 eram do sexo feminino (50,5%) e 195 (49,5%) do sexo masculino (Figura 1.).

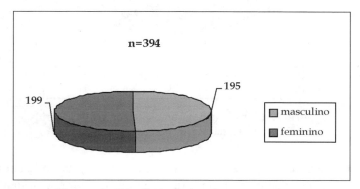

Figura 1. Distribuição da amostra por sexos

1.2. Distribuição por grupos etários e estado civil

Como tínhamos uma amostra com um amplo intervalo etário, com valores compreendidos entre os 3 a 81 anos, procedemos a uma distribuição por grupos para um melhor estudo:

➢ 0-15 anos;
➢ 16-25 anos;
➢ 26-35 anos;
➢ 36-46 anos;
➢ 47-55 anos;
➢ ≥56 anos.

De acordo com os grupos etários fixados, dos 0-15 anos tivemos 10 indivíduos (2,5%); dos 16-25 anos, 86 (21,8%); dos 26-35, 89 indivíduos (22,6%); dos 36-46 anos, 80 (20,3%); dos 47-55, 56 (14,2%) e com 56 anos ou mais, encontramos 69 indivíduos (17,5%). Apenas em quatro casos (1%) não conseguimos obter qualquer informação relativa à idade.

Como se pode ver no quadro, a maior percentagem corresponde a indivíduos com idades compreendidas entre os 26 e 35 anos.

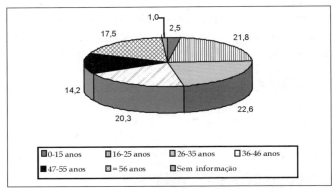

Figura 2. Distribuição da amostra por grupos etários
(resultados em percentagem)

Tendo em conta que 21 casos estudados (5,3%) não possuem informação sobre o estado civil (figura 3), podemos afirmar que a maior parte da população, objecto de estudo, é casada e tem uma média de idade de 38,48, com um desvio padrão de 16,03 anos. Este elevado desvio padrão (D.P.) deve-se ao facto de existirem, na nossa amostra, indivíduos com uma diferença de idade muito grande.

Resultados

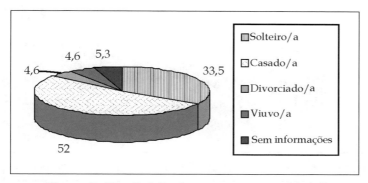

Figura 3. Distribuição da amostra por estado civil
(resultados em percentagem)

1.3. DISTRIBUIÇÃO POR PROFISSÕES

A distribuição da amostra segundo as profissões foi feita com base nos critérios de Classificação Nacional de Profissões de 1994 (INE, 2004). A Tabela 2 resume o número de indivíduos classificados segundo estes critérios.

NÚMERO	PROFISSÕES	N.º DE INDIVIDUOS	PERCENTAGEM (%)
0	Membros das Forças armadas	4	1,0
1	Quadros sup. Adm. Pública, dirigentes, quadros sup. Empresa	2	0,5
2	Especialistas, profissões intelectuais e científicas	11	2,8
3	Técnicos e profissionais do nível intermédio	7	1,8
4	Pessoal administrativo e similares	12	3,0
5	Pessoal dos serviços e vendedores	27	6,9
6	Agricultores, trabalhadores qualificados da agricultura e pescas	7	1,8
7	Operários, artífices e trabalhadores similares	31	7,9
8	Operadores de instalações e máquinas e trabalhadores da montagem	5	1,3
9	Trabalhadores não qualificados	6	1,5
10	Doméstica	27	6,9
11	Reformados	25	6,3
12	Estudantes	31	7,9
13	Desempregados	5	1,3
	Sem informação	194	49,2
	Total	394	100,0

Tabela 2. Classificação da amostra segundo os critérios
do Instituto Nacional de Estatística para as profissões

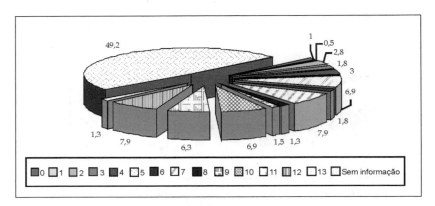

Figura 4. Distribuição da amostra por profissões
(resultados em percentagem)

1.4. DISTRIBUIÇÃO POR RESIDÊNCIA

Sendo a residência, da totalidade dos indivíduos estudados, muito heterogénea, fixou-se uma classificação por concelhos, e no caso de pessoas residentes fora do território nacional, mas dentro do espaço europeu, por "Europa". Assim se pode comprovar que a maior parte dos indivíduos residiam em Coimbra (81%) ou proximidades (Tabela 3).

RESIDÊNCIA	N.º DE INDIVIDUOS	PERCENTAGEM (%)
Aveiro	44	11,2
Beja	1	0,3
Braga	1	0,3
C. Branco	2	0,5
Coimbra	319	81,0
Guarda	2	0,5
Leiria	4	1,0
Lisboa	2	0,5
Santarém	1	0,3
Viseu	5	1,3
Europa	1	0,3
Sem informação	12	3,0
Total	394	100,0

Tabela 3. Distribuição da população de estudo por residência

1.5. DISTRIBUIÇÃO POR ENTIDADE QUE SOLICITA O EXAME

Pela recolha dos dados estatísticos grande parte das queixas apresentadas no Instituto Nacional de Medicina Legal na Delegação de Coimbra, foram solicitadas pelo Ministério Público e pela Guarda Nacional Republicana (GNR). Como indica a figura 5, ao Ministério Público correspondem 228 casos (57,9%), seguidos da GNR, com 94 indivíduos (23,9%), Polícia de Segurança Pública (PSP), 57 (14,5%), Polícia Judiciária (PJ), 12 (3,0%) e pela própria vítima, 3 (0,8%).

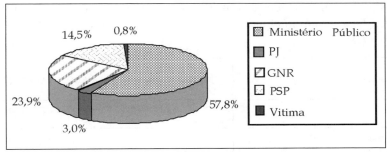

Figura 5. Distribuição das entidades que solicitaram exames no ano 1998 ao INML

Tendo em conta a idade da nossa população, o estado civil, sexo e que o maior número de ofendidos exercem profissões de operários, artífices e trabalhos similares (7,9%), podemos concluir que a população estudada é constituída na sua maioria por indivíduos do sexo feminino (50,5%), jovens e casadas, com um baixo nível de escolaridade.

2. DISTRIBUIÇÃO DAS LESÕES PELO TIPO DE SEQUELAS

2.1. A (IN) EXISISTÊNCIA DE SEQUELAS E SUA RELAÇÃO COM O ART. 144.º DO CÓDIGO PENAL

De 394 casos analisados, 55 correspondem à existência de sequelas, das quais 10,9% resultaram consequências previstas no art. 144.º do CP. Do universo de 394 casos só 6 (1,5%) tiveram consequências passíveis de preencherem o artigo 144.º do CP.

Contudo, desses 394 casos, 281 (71,3%) não tiveram qualquer tipo de sequelas. Assim, das queixas apresentadas por motivo de agressão, só 14,0% corresponderam a sequelas como resultado da agressão.

2.2. DISTRIBUIÇÃO DAS LESÕES POR REGIÕES ANATÓMICAS

A distribuição das lesões por regiões anatómicas é a descrita na tabela seguinte (Tabela 4) da localização da agressão, verificando-se um predomínio das agressões que atingiram várias regiões do corpo, num total de 178 casos (45,2%), seguida das lesões nos membros com 81 casos (20,6%), na cabeça com 78 casos (19,8%) e no tronco com 29 casos (7,4%). Sem qualquer alusão à localização da agressão tivemos 28 casos (7,1%).

LOCALIZAÇÃO DA AGRESSÃO	N.º DE CASOS	PERCENTAGEM (%)
Cabeça	78	19,8
Tronco	29	7,4
Membros	81	20,6
Misto/vários	178	45,2
Sem Informação	28	7,1
TOTAL	394	100,0

Tabela 4. Localização anatómica da agressão

2.3. NATUREZA DO OBJECTO DA AGRESSÃO

Quanto à natureza do objecto da agressão (Tabela 5), a grande maioria das ofensas são provocadas por objectos contundentes, nomeadamente, com 347 casos (88,1%), seguidos de acções perpetradas com objectos de natureza mista, 16 (4,1%), cortantes, 10 (2,5%), corto-contundentes, 7 (1,8%), projécteis de arma de fogo, 3 (0,8%), electricidade, 3 (0,8%) e por substâncias cáusticas ou corrosivas, 2 (0,5%). Apenas de 6 casos (1,5%) não se conhece a natureza do objecto agressor (Figura 6).

INSTRUMENTOS	N.º DE CASOS	PERCENTAGEM (%)
Contundentes	347	88,1
Corto-contundentes	7	1,8
Projécteis de arma de fogo	3	0,8
Cortantes	10	2,5
Substâncias causticas/corrosivas	2	0,5
Misto/vários	16	4,1
Electricidade	3	0,8
Sem informação	6	1,5
Total	394	100,0

Tabela 5. Natureza do objecto da agressão

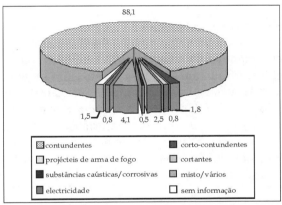

Figura 6. Distribuição dos objectos da agressão na amostra
(resultados em percentagem)

2.4. DISTRIBUIÇÃO DAS LESÕES/SEQUELAS COM E SEM INCAPACIDADE PARA O TRABALHO

Das 394 queixas apresentadas, 193 (49,0%) foram com incapacidade para o trabalho e 143 (36,3%) sem incapacidade. Havendo 58 casos (14,7%) sem informação (Figura 7).

Comparando a categoria das sequelas existentes (55) com a incapacidade para o trabalho verificamos que 69,1% tiveram como consequência incapacidade para o trabalho, e 25,5% sem incapacidade. Por sua vez a média dos dias de doença foi de 25,64, apresentando um desvio padrão (D.P.) de 78,75.

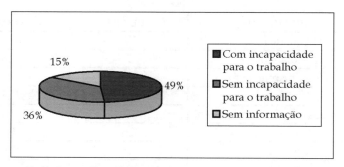

Figura 7. Relação da existência de lesões com e sem incapacidade para o trabalho

2.5. TIPOLOGIA DAS LESÕES

As lesões foram distribuídas segundo o tipo de sequelas. Assim, do total de 394 casos, resultaram 10 (2,5%) casos com sequelas ortopédicas, 48 (12,2%) com sequelas cicatriciais, 5 (1,3%) com sequelas psiquiátricas e/ou psicológicas e 7 (1,8%) com sequelas anatómicas.

Em 58 casos (14,7%) não tivemos informações sobre a existência de sequelas, quer ortopédicas, quer cicatriciais, quer anatómicas.

Quanto às psiquiátricas e/ou psicológicas, não havia qualquer informação em 59 casos (15,0%), como se apresenta nas Tabelas 6-9.

SEQUELAS ORTOPÉDICAS		
	N.º DE CASOS	PERCENTAGEM (%)
Sim	10	2,5
Não	326	82,7
Sem informação	58	14,7

SEQUELAS CICATRICIAIS		
	Nª DE CASOS	PERCENTAGEM (%)
Sim	48	12,2
Não	288	73,1
Sem informação	58	14,7

SEQUELAS PSIQUIÁTRICAS E /OU PSICOLÓGICAS		
	Nª DE CASOS	PERCENTAGEM (%)
Sim	5	1,3
Não	330	83,8
Sem informação	59	15

SEQUELAS ANATÓMICAS		
	Nª DE CASOS	PERCENTAGEM (%)
Sim	7	1,8
Não	329	83,5
Sem informação	58	14,7

Tabelas 6-9. Distribuição individual do tipo de sequelas na amostra

Tendo conhecimento que, da totalidade das lesões apuradas, 55 foram com sequelas, e que deste valor, só 6 delas resultaram consequências previstas no art. 144.º do CP, importava saber, relativamente à tipologia das lesões, quantas sequelas ortopédicas, cicatriciais, anatómicas e psiquiátricas e/ou psicológicas, tiveram consequências passíveis de preencher o crime de ofensas à integridade física grave. Para chegar a esse valor tivemos que fazer uma pesquisa na base de dados. Assim, encontramos no caso n.º 37 (correspondente à numeração da base de dados), um indivíduo de sexo feminino, com 66 anos de idade, viúva, reformada, que teve sequelas cicatriciais e psicológicas, por ter sido vítima de agressão com um martelo na cabeça, com desorientação temporo-espacialmente e que motivaram 187 dias de doença para se consolidar as lesões, com incapacidade para o trabalho. Como consequência da agressão resultou anomalia psíquica grave, acompanhada de significativas alterações das capacidades intelectuais. Apresentava traumatismo crânio-encefálico com fractura dos ossos do crânio, tendo que ser submetida a intervenção cirúrgica de urgência.

Temos um segundo caso (n.º 110) provocado pela colisão frontal de dois veículos ligeiros, de um indivíduo de sexo masculino, solteiro e com 42 anos de idade. Do acidente resultaram sequelas ortopédicas, devendo ter demandado para consolidar um período de 486 dias de doença, com incapacidade para o trabalho. As lesões localizaram-se nos membros. Como consequência resultou dificuldade grave de utilização do corpo.

Por sua vez, o caso n.º 113 descreve também um acidente de carro (queda do jipe em que seguia). A vítima é um indivíduo de sexo masculino com 36 anos de idade, casado, pedreiro e sofreu lesões em várias regiões do corpo, tendo demandado para a sua consolidação um período de 123 dias de doença, com incapacidade para o trabalho. Do acidente, resultaram lesões graves que puseram em perigo de vida. Deu entrada no serviço de cirurgia, politraumatizado com ventre agudo hemorrágico, traumatismo torácico e traumatismo crânio encefálico. Foi submetido a autotransplante do baço e drenagem torácico à esquerda.

Um outro caso de acidente de automóvel (n.º 211), de um indivíduo de sexo feminino, com 73 anos de idade, viúva, reformada e que originou sequelas ortopédicas e cicatriciais, com 331 dias de doença, com incapacidade para o trabalho. Os membros foram o local atingido pelas lesões.

O caso n.º 305 tem a particularidade de responder positivamente aos vários tipos de sequelas. Neste sentido, da agressão resultaram sequelas ortopédicas, cicatriciais, anatómicas, psiquiátricas e/ou psicológicas. Mas comporta ainda outra especificidade, pois trata-se de uma criança de 10 anos de idade, de sexo feminino, estudante, vítima de agressão com gasolina, fogo e atropelamento. Esta agressão teve como consequência 155 dias de doença, com incapacidade para o trabalho.

Por último, o caso n.º 309 não apresenta qualquer tipo de sequelas, segundo a categoria apresentada. Trata-se de um indivíduo de sexo masculino, solteiro, estudante, de 24 anos de idade, vítima de agressão a murro, na cabeça, motivando 10 dias de doença, com incapacidade de trabalho.

Embora da agressão não tenha resultado qualquer das consequências previstas no art. 144.º do CP, importa registar a agressão com arma branca, atingindo várias partes do corpo e provocando à ofendida, com 25 anos de idade, sequelas cicatriciais e 30 dias de doença com incapacidade para o trabalho. É de destacar, a este propósito, que dos 55 casos de onde se observaram sequelas, as cicatriciais representam o maior número, com 87,3%.

Como consta na figura 8, as sequelas ortopédicas representam 18,2%, as anatómicas, 12,7% e as psiquiátricas e/ou psicológicas, 9,1%.

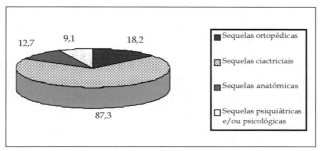

Figura 8. Distribuição das sequelas consoante o tipo
(resultados em percentagem)

2.6. DISTRIBUIÇÃO DOS DIAS DE DOENÇA NA AMOSTRA

Relacionando os dias de doença (por intervalos) com os indivíduos que tiveram sequelas, podemos observar que 29,1% dessas sequelas motivaram mais de 30 dias de doença, 25,5% situaram-se entre os 8 a 15 dias de doença, 21,8% entre os 0 a 7dias de doença, 10,9% entre os 22 a 30 dias e 5,4% entre os 16 e 21 dias de doença (Figura 9). Sem qualquer informação sobre os dias de doença tivemos 7,3% dos casos.

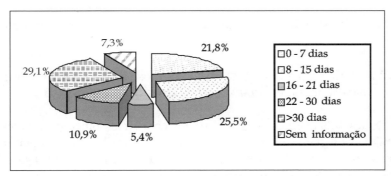

Figura 9. Distribuição dos dias de doença pelos indivíduos
que apresentaram sequelas

2.7. CASOS COM (IN) EXISTÊNCIA DE VESTÍGIOS.
RELAÇÃO COM O INSTRUMENTO DA AGRESSÃO

Dos 394 casos analisados, 347 (88,1%) apresentaram sinais objectivos de lesões traumáticas ou seus vestígios. Dentro deste valor, 54,25 tiveram como causa agressões com o próprio corpo, 20,7%, com instrumento, 8,1% com corpo/instrumento e a mesma percentagem (8,1%) com colisão de viaturas, 3,7% motivadas por atropelamento. Com outro tipo de agressões tivemos 2,3% e 2,9% sem especificações (Figura 10).

Sem sinais objectivos de lesões traumáticas ou seus vestígios, temos 40 casos (10,2%) e 7 (1,8%) casos onde não há registo de informação.

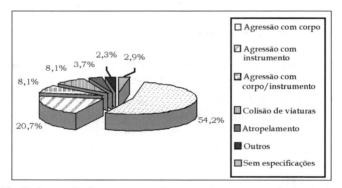

Figura 10. Relação do instrumento da agressão com a existência de vestígios

2.8. CASOS COM EXISTÊNCIA DE VESTÍGIOS. RELAÇÃO COM A (IN) CAPACIDADE DE TRABALHO/INSTRUMENTO DA AGRESSÃO

Da totalidade de casos apresentados com sinais objectivos de lesões traumáticas ou seus vestígios, como já foi referido, 193 apresentam incapacidade para o trabalho. Destes, 46,6% foram provocados por agressões com o corpo, 18,7% com instrumento, 13,5% com viaturas, 9,3% com agressão com o corpo/instrumento, 6,7% por atropelamento, 3,1% devidos a outro tipo de agressões e 2,1% não se sabe qual foi a natureza do objecto da agressão (Figura 11).

Vimos já que dos 394 casos, 193 apresentam incapacidade para o trabalho, e 143 não resultam qualquer incapacidade. Destes 143 casos com sinais objectivos de lesões, 69,9% foram provocados por agressão com o corpo, 17,5%, com instrumento, 11,7% com o corpo/instrumento, com 0,7% com viaturas, a mesma percentagem (0,7%) aplica-se para os vestígios derivados de atropelamento, também com 0,7% para outro tipo de agressões e 2,8% sem especificações sobre a natureza do objecto (Figura 12).

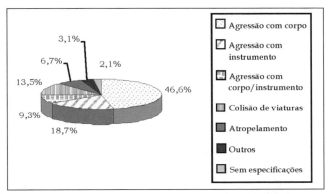

Figura 11. Relação do tipo de agressão vs. com incapacidade para o trabalho

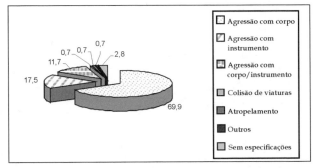

Figura 12. Relação do tipo de agressão vs. sem incapacidade para o trabalho

3. DISTRIBUIÇÃO DE CASOS PELA REINCIDÊNCIA MÉDICO-LEGAL

Para uma visão global da amostra, importa referir que relativamente à reincidência médico-legal, dos 394 casos existentes, apenas quatro eram reincidentes médico-legais, ou seja, já não era a primeira vez que apresentavam queixa.

DISCUSSÃO

1. DISCUSSÃO DOS DADOS EMPÍRICOS

Da descrição da amostra apresentada no capítulo anterior podemos verificar que, dos 394 casos apresentados, só cinquenta e cinco responderam afirmativamente ao item das sequelas originadas por uma concreta agressão. E que a maior parte dessas sequelas eram cicatriciais (Figura 8). Por sua vez, na origem dessas lesões estavam agressões perpetradas através do próprio corpo, com o valor percentual de 46,6 (Figura 11) para situações que indicavam sinais objectivos de lesões traumáticas ou seus vestígios e incapacidade para o trabalho, contra 69,9 % para aquelas situações que, embora apresentassem sinais objectivos, não determinavam incapacidade para o trabalho (Figura 12). Lesões levadas a cabo com o próprio corpo, explicando dessa forma o valor apurado para a natureza do objecto agressor: 88,1% eram objectos de natureza contundente (Figura 6). Muitos resultantes de murros, pontapés, cabeçadas, bofetadas, puxões de cabelo, beliscões, etc.

A acção de natureza contundente caracteriza-se pelo contacto de um objecto duro de superfície plana ou romba, animado de uma força viva mais ou menos considerável, com uma área de superfície corporal de extensão variável.

Os instrumentos contundentes podem ser objectos (pedra, pau, martelo, pá, tijolo, coronha de arma, etc.), partes do corpo humano (cabeça, mãos, unhas, pés e dentes) e superfícies de embate (solo, paredes, peças de mobiliário, árvores, etc.).

Por outro lado, tendo em conta que dos 55 casos com sequelas, só seis casos tiveram consequências ao abrigo do art. 144.º do CP, somos levados a verificar que a intensidade e gravidade das lesões não era elevada. Depondo a nosso favor nesta análise estão os próprios dados procedentes da incapacidade para o trabalho/sequelas, pois parece resultar que apesar de existirem 49% de casos com incapacidade para o trabalho (Figura 7), não se pode retirar do valor apurado uma correspondência inequívoca com a intensidade e gravidade das lesões. Se assim fosse, o número de casos que preencheriam o artigo 144.º do CP teria que ser mais elevado.

O mesmo se diga quanto aos dias de doença, com uma média de 25,64, em que só 29,1% de indivíduos com sequelas tiveram mais de trinta dias de doença (Figura 9). Todavia, a existência de um maior número de dias de doença, nem sempre é significativa de maior gravidade das lesões, nem corresponderá sempre à noção que temos de doença em termos médicos.

Se tivermos em conta o conceito médico-legal de doença, ou seja, como alteração anatómica ou funcional do organismo, geral ou local, com carácter evolutivo, seja para a cura, seja para a consolidação ou para a morte, comprovamos que o tempo, em medicina legal, muitas vezes significa cura, mas nem sempre corresponde à gravidade e intensidade das lesões. Por exemplo, uma lesão que provoque uma equimose[34], onde o que está em causa é a ruptura vascular provocada pela lesão e não a sua coloração. Assim, do ponto de vista médico-legal, a equimose pode demandar para se curar três a cinco dias, o tempo necessário para que a parede vascular se recomponha. Não faria sentido atribuir maior número de dias de doença a uma equimose, esperando que a coloração desaparecesse, uma vez que esta apenas indica que a reabsorção está a ser feita e dá-nos elementos quanto ao tempo da sua produção. Por conseguinte se a tona-

---

[34] Para além da equimose, onde há integridade da superfície corporal e na área subjacente ruptura vascular mais ou menos profunda, podemos ter outro tipo de lesões: lacerações – sangram profusamente, têm área de contusão à volta, os pêlos não estão cortados, cruzam a ferida, apresentam partes tecidulares e bordos irregulares; hematoma – apresenta uma colecção extravascular de sangue, contida pelo tecido celular subcutâneo, produzida por instrumento contundente; esfoliação – há atingimento da camada mais superficial da epiderme, não sangra, descorada e exsudada. Podem ser tangenciais (arrasto), lineais (marcas das unhas). Temos ainda a escoriação, onde há atingimento da epiderme com sangramento, originando posteriormente crosta cicatricial e as feridas, onde existe atingimento de todas as camadas da pele, havendo predomínio do comprimento sobre a largura, bordos regulares e profundidade variável. Apresentam os pêlos cortados e quando atingem os ossos produzem ferimentos lineais.

Sobre esta matéria v. Di Maio, «Handbook of Forensic Pathology», Landes Bioscience, 1998, p. 65-93.

lidade da equimose for vermelho escuro, a lesão terá ocorrido há horas, se tiver uma coloração negra, terá dois a três dias, violácea, três a seis, esverdeada, sete a dez dias e amarelada, duas a quatro semanas.

Por outro lado, se relacionarmos os dias de doença com a incapacidade para o trabalho, podemos verificar que pode não haver doença em termos médico-legais e existir incapacidade para o trabalho. Embora geralmente, e do ponto de vista médico-legal, a doença e a incapacidade para o trabalho sejam coincidentes, pode acontecer que essa coincidência não aconteça. Será o caso, por exemplo, de situações em que as lesões tenham provocado fracturas. Estas podem ter uma evolução em que já não haja necessidade de cura, uma vez que já não existe doença. A fractura atingiu o tempo de doença necessário para a sua consolidação, não necessitando mais de qualquer tratamento. E no entanto, a fractura ainda não permitiu recuperar a capacidade fisiológica que lhe é normal, porque não foi apenas o "osso" que ficou lesionado mas também as estruturas circundantes com ele relacionadas, limitando funcionalmente e levando a que o tempo de doença seja inferior ao da impossibilidade de trabalho. O mesmo acontecerá com a amputação traumática de um membro, em que a consolidação corresponderá à consolidação efectiva do coto de amputação; a estabilização das sequelas verificar-se-á apenas no fim do período de adaptação à prótese adequada para o caso concreto.

A própria localização da agressão corrobora neste modo de perspectivar os resultados obtidos. Assim, 178 casos de agressões foram localizadas por diversas regiões do corpo (próprio das agressões com o corpo), 81 nos membros, 78 na cabeça e 29 no tronco (Tabela 4).

Neste sentido, a tipologia de sequelas não nega a nossa análise entre as diferentes variáveis existentes. Quando quisemos conhecer quantas sequelas ortopédicas, cicatriciais, anatómicas e psiquiátricas e/ou psicológicas preenchiam o art. 144.º do CP, pudemos verificar, através das situações concretas apresentadas, que as lesões mais graves resultavam de acidentes de viação ou de lesões em regiões anatómicas consideradas como vitais (casos raros).

Por sua vez, o facto de em 394 casos, 10 corresponderem a sequelas ortopédicas, 48 cicatriciais (englobando qualquer tipo de cicatriz por mais ínfima e insignificante que fosse) e 5 psicológicas (Tabelas 6-8), leva-nos a questionar sobre o modelo de relatório médico-legal e acerca do conceito de saúde "médico-legal".

Se, por um lado, através do pensamento dos médicos legistas podemos entender que estes pugnam por um conceito de saúde biopsicossocial, por outro, através da análise empírica de dados, tal não parece acontecer. Significa que os relatórios médico-legais, em matéria criminal, estão mais perspectivados para uma vertente biológica do que psicossocial. Daí o maior número de descrições relativas a lesões de foro anatómico, "físico", ortopédico, do que no plano psíquico e/ou psicológico.

Se quisermos conhecer o número de lesões, a sua sede, tamanho, etc., podemos encontrar essas informações na clínica médico-legal, em matéria criminal, mas se procurarmos saber se a pessoa teve sofrimento, dores, qual era o seu estado antes e após a lesão, que dificuldades resultaram para a sua vida histórico-social, e outras indicações que vão para além do dano corporal em sentido estrito, não encontraremos resposta, se tais lesões não tiverem uma qualquer expressão física mensurável. Tal conclusão deriva dos actuais parâmetros de avaliação do dano corporal nesta matéria.

Se tivermos presente o caso 37 apresentado anteriormente, sabemos pela descrição das lesões, que houve sequelas graves para a vítima. Porém, não conseguimos alcançar, em concreto, as dificuldades e limitações numa perspectiva biopsicossocial, pois para isso seria necessário a existência de outras regras de avaliação – à semelhança do que acontece em matéria cível – que nos permitissem ter uma visão global dos danos sofridos pela vítima, das lesões à integridade física da pessoa. E não se percebe a razão para essa diferenciação[35], consoante o objecto da perícia médico-legal seja direccionado para matéria penal ou matéria cível. A única diferença existente é a de que, no pedido cível pelos danos causados por um eventual crime, nos termos do art. 129.º do CP, a causa de pedir tem de ser composta pelos factos constantes da acusação ou da pronúncia, pois é em uma destas peças que devem constar os elementos descritivos do tipo legal de crime alegadamente perpetrado pelo demandado.

Como se pode ver no Acórdão do Tribunal da Relação de Lisboa, de 16-X-90, «Há lugar a indemnização por danos patrimoniais e não patrimoniais do autor de crime de ofensas corporais voluntárias, em que a fonte da obrigação de indemnizar reside no acto da agressão».

---

[35] Em face do Direito Penal vigente, não se pode negar a natureza cível da indemnização, uma vez que pretende deixar o lesado na situação em que se encontrava antes do facto danoso e que por isso tem que ser integral.

A diferenciação metodológica seguida na Medicina Legal permite que a uma mesma lesão possam corresponder parâmetros de avaliação distintos e montantes ressarcitórios diversos em função da causa da lesão, prejudicando o ofendido, vítima da agressão[36].

Desta forma, será de todo o interesse equacionar a possibilidade de estabelecer um paralelismo entre os conceitos usados no art. 144.º do CP e os parâmetros de dano usados no Direito Civil (Magalhães, 2003, p. 76).

Uma das manifestações importantes da vontade da vítima traduz-se na possibilidade de deduzir o pedido de indemnização civil no próprio processo penal, podendo invocar-se diversos argumentos a favor da possibilidade de combinar o pedido de indemnização com a aplicação de uma sanção penal (para quem entenda que a indemnização não deve ser entendida como uma pena). Todavia, quer as orientações do Conselho da Europa, quer alguns autores[37], caminham no sentido de se entender a indemnização como uma reacção penal, substitutiva da pena de prisão, funcionando como um estímulo para o ofensor à reparação do dano causado à vítima (Oliveira, 1994, p. 29). A indemnização à vítima torna-se importante não só para a atenuação na medida do possível do dano e sofrimentos resultantes da agressão, como também para diminuir o conflito social originado pela prática do crime, facilitando desta forma a reinserção social do delinquente e a pacificação da comunidade em que ambos se integram (Oliveira, 1994, p. 59)[38].

---

[36] Com as palavras de Frederico de Lacerda da Costa Pinto, «O estatuto do lesado no processo penal», *in*: *Estudos em Homenagem a Cunha Rodrigues*, Coimbra, 2001, p. 687 ss.: «Um processo penal que ignore as vítimas dos crimes não realiza plenamente o objectivo da justiça penal, nem em sentido ideal, nem na dimensão material do estado de Direito, fundado sobre o respeito e a dignidade das pessoas». E ainda a este propósito, Jorge de Figueiredo Dias, «Sobre os sujeitos processuais no novo Código de Processo Penal», *in*: *Jornadas de Direito Processual Penal*, CEJ, Coimbra, 1995, p. 10, afirma que o Código de Processo Penal «Ao tratar o ofendido como mero participante processual e ao vincular à sua constituição como assistente para assumir a veste de sujeito do processo, é ainda da formalização necessária a uma realização mais consistente e efectiva dos direitos da vítima que se trata – e assim, a seu modo, de algo paralelo ao que sucede com a constituição formal do suspeito como arguido».

[37] Sobre esta matéria v. M. Carmen Alastuey Dobón, «*La reparación a la víctima en el marco de las sanciones penales*», Tirant lo Blanch, 2000, p. 23-115.

[38] Segundo Odete Maria de Oliveira (ob. cit., p. 64) o «pagamento da indemnização ajuda a libertar as vítimas de sentimentos de injustiça e de rejeição pela sociedade. Ser-se vítima de um crime pode ser uma experiência muito negativa e conduzir ao sentimento

O serviço de clínica médico-legal, em matéria penal, para além de revelar uma perspectiva mais biológica que biopsicossocial, contrariando o pensamento dos médicos legistas patente na primeira parte deste estudo, também contraria a noção ou conceito de lesão da integridade física, numa perspectiva médico-legal. Na verdade, sendo o dano ou lesão toda a alteração anatómica ou funcional ocasionada por agentes externos ou internos, abrangendo a lesão na saúde física e psíquica, verificamos que para a Medicina Legal não importa todo e qualquer dano ou lesão, mas interessa apenas aquela ofensa que deixa vestígios, marcas, de forma a que o perito possa inferir ter havido ofensa. Sendo este o ponto de vista dos médicos legistas, importa indagar se deve ser tido em conta todo e qualquer vestígio. Sobre esta questão esclareceu-nos Penna (1998, p. 460), ao considerar que não se deve entender por doença qualquer desvio do estado normal, pois nesse caso seria de admitir que uma cicatriz, equimose, escoriação ou esfoliação, seriam doenças. E este modo de perspectivar a doença é inadmissível, tanto numa perspectiva médica como médico-legal.

Sendo assim, como explicar que a grande maioria de queixas apresentadas no Instituto Nacional de Medicina Legal – Delegação de Coimbra sejam precisamente aquelas lesões leves, insignificantes, como escoriações, cicatrizes, etc.? A comprová-lo temos a grande percentagem existente de lesões cicatriciais (Figura 8) resultantes dos casos onde se observaram "sequelas". Trata-se de lesões diminutas, de duvidosa dignidade penal. O mesmo justificando, no total da amostra, a elevada percentagem (88,1%) de queixas em que se observaram sinais objectivos de lesões traumáticas ou seus vestígios, contra 10,2% de casos em que nem sequer existia qualquer vestígio a assinalar, nada se podendo concluir sobre a agressão. Como o facto de, dos 394 casos estudados, 193 preencherem o item da incapacidade para o trabalho não significa que estejamos perante lesões de certa gravidade. Como tivemos já oportunidade de referir, a existência de apenas seis casos passíveis de preencher o art. 144.º do CP parece confirmar esta interpretação dos dados recolhidos no serviço de clínica médico-legal. Por outro lado, o facto de existirem 143

---

de que se vive numa sociedade desprezível. Ao ser indemnizada, a vítima volta a sentir-se membro de uma sociedade que, afinal, se preocupa com os seus cidadãos». Sobre a reparação como consequência jurídico-penal ver também Paula Ribeiro Faria (2003, p. 258-291).

casos sem incapacidade para o trabalho mas com sinais objectivos de lesões traumáticas ou seus vestígios, tendo a agressão (Figura 12), na maioria dos casos, sido perpetrada através do próprio corpo (69,9%) revela que se trata de lesões insignificantes, que rapidamente evoluíram para a "cura", caso contrário teria que existir incapacidade para o trabalho. Razões que permitem justificar o acervo de casos solicitados à Medicina Legal em matéria penal (Tabela 1) sendo, na sua maioria, requisitados pelo Ministério Público (Figura 5).

Do exposto, parece ser de afirmar que só têm interesse médico-legal aquelas lesões que podem ter repercussões no âmbito penal e que não sejam insignificantes. Também a análise jurídica se encaminha neste sentido, ao negar quer a relevância da agressão, quer a ilicitude do comportamento na hipótese de a lesão ser diminuta.

Por conseguinte, o facto dos dados empíricos contrariarem esta percepção, leva-nos a pensar tratar-se de uma necessidade de corresponder aos critérios legais, isto é, a Medicina Legal como meio auxiliar da justiça procura ir ao encontro das concepções jurídico-penais. Significa então que outro deverá ser o pensamento jurisprudencial sobre esta matéria.

2. DA NOÇÃO OU CONCEITO DE OFENSA CORPORAL

O Acórdão de 18-XII-91, ao entender por ofensa corporal toda a agressão física, mesmo «quando dela não resulte ofensa na saúde do visado por ausência de quaisquer efeitos produtores de doença ou de incapacidade para o trabalho», alargou as malhas de protecção do Direito Penal, fazendo ascender ao discurso penal condutas lesivas da integridade física que dificilmente podem ser tidas como jurídico-penalmente relevantes. E, para reforçar a ideia de ofensa ao corpo fixada no Acórdão, alega-se que a Constituição da República reconhece, sem limitações ou graduações, o direito à integridade física (n.º 1 do art. 25.º) e «considera-o inviolável, não fazendo sentido que o legislador penal, ao incriminar e fazer punir os actos violadores de tal direito, com vista a assegurar a sua defesa, o fizesse por forma limitada e discriminadora». Desta forma parece esquecer-se que, embora o direito constitucional seja um referente normativo fundamental para a compreensão e delimitação de qualquer outro direito, a ordem constitucional forma-se e funda-se em uma pluralidade de normas com diferentes valores. Assim, mesmo que os valores eleitos sejam os valores mais fortes ou mais densos, tal eleição não pode significar de *per si* uma imposição de criminalização para o legislador ordinário enquanto medida protectora desses valores. Significa que não tem de haver coincidência entre os valores protegidos pela ordem constitucional e os que o Direito Penal protege (Faria Costa, 2000, p. 189). Este assento apenas veio contribuir para a invasão de casos bagatelares nas instâncias jurídicas e na peritagem médico-legal, com elevados custos materiais e humanos, impedindo que os Tribunais e a Medicina Legal se ocupem das verdadeiras causas com relevância e dignidade jurídico--penal.

Diversamente, pensamos que do tipo legal de crime das ofensas contra a integridade física não se pode retirar uma noção ou conceito de ofensa corporal que abranja toda a agressão mesmo que não significativa para efeitos jurídico-penais.

2.1. O BEM JURÍDICO E OS LIMITES MÁXIMOS E MÍNIMOS DE LESÃO NOS CRIMES CONTRA A SAÚDE PESSOAL

A nossa jurisprudência quando toma decisões que alargam o campo de aplicação dos crimes contra a integridade física de forma a abranger – independentemente do grau da lesão, da intensidade da acção e do contexto específico em que ocorreu – toda e qualquer conduta lesiva do corpo ou da saúde de outrem, não tem em conta que pelo facto de toda a relação social, para ser criminalmente antijurídica, necessitar de ser típica (formalmente típica), não tem de ser, forçosamente, ilícita. Assim, embora todo o crime possa traduzir um comportamento «determinante de uma danosidade ou ofensividade social», a verdade é que nem «toda essa danosidade pode legitimamente constituir um crime» (Figueiredo Dias, 1996, p. 48). E não parece sustentável o fundamento com base no qual o Acórdão atrás mencionado firma a sua decisão. Como vimos, o facto de a Constituição da República reconhecer, sem limitações ou gradações, o direito à integridade física, não implica a existência da necessidade de correspondência entre os valores protegidos pela ordem constitucional e o Direito Penal (Faria Costa, 2004, p.40). Na verdade, «ao legislador constitucional, em sede de criminalização, é-lhe vedada, em princípio, uma imposição de facere para com o legislador ordinário. É a este que cabe, em última instância, a escolha que define quais os bens constitu-cionalmente "significativos" para justamente usufruírem de protecção pe-nal» (Faria Costa, 2000, p. 189-190). Por conseguinte, há que atender

Discussão 95

ao conceito material de crime. É este que confere ao legislador um juízo crítico sobre os bens jurídicos[39] que devem ser criminalizados e os que devem ficar fora da alçada do Direito Penal, sendo o conceito material de crime resultado da intervenção do Direito Penal como *ultima ratio* de bens jurídicos, pois são estes que permitem indagar sobre a legitimidade do Direito Penal para proteger ou não, jurídico-penalmente, certas relações sociais.

Por outro lado, o Acórdão de 18-XII-91,ao fundamentar a criminalização de condutas de duvidosa (ou inexistente) dignidade penal no facto de a Constituição reconhecer, sem limitações ou graduações, o direito à integridade física, parece confundir dois bens jurídicos distintos. Na verdade, enquanto o bem jurídico "vida humana" é único e insubstituível, na medida em que um ataque insuportável à vida é obviamente irreversível, já o mesmo não acontece com o bem jurídico "integridade física", uma vez que este comporta, dentro de certos limites, graduações na sua ofensividade. Assim, se A der um pontapé a B num dos seus membros inferiores, B andará algum tempo com um hematoma ou uma luxação, e no entanto, decorrido algum tempo, voltará a ter o seu membro na mesma situação em que estava antes de ter sofrido a lesão. Naturalmente que o mesmo não acontecerá se, em virtude de determinada lesão, lhe tiverem que amputar o membro, pois neste caso não haverá "cura" no sentido médico-legal. Portanto, a integridade física é um bem jurídico "renovável" e expansível dentro de certos limites, uma vez que permite a sua *restitutio ad integrum*. Temos então que perceber quais são os limites mínimos e máximos de lesão ao bem jurídico integridade física, embora desde já adiantemos que temos outro entendimento deste bem jurídico, no sentido em que defendemos tratar-se de crimes contra a saúde pessoal, entendimento mais adequado ao conceito de saúde física e psíquica que propomos.

Ora na violação do bem jurídico vida, o limite máximo de lesão coincide com o ataque à vida. De facto, os sucessivos ataques à integridade física tendem a ser gradativos, uma vez que se pode ferir ou lesionar

---

[39] Segundo Faria Costa (2000, p. 185) o bem jurídico é um pedaço de valoração de uma relação que nós estabelecemos com os objectos; é uma noção relacional, que de forma clara a comunidade eleva a categoria relacional, e não uma categoria de *per si*. E para Figueiredo Dias (1996, p. 53) é a «expressão de um interesse, da pessoa ou da comunidade, na manutenção ou integridade de um certo estado, objecto ou bem em si mesmo socialmente relevante e por isso juridicamente reconhecido como valioso».

cada vez mais gravemente até ao ponto máximo de lesão em que se dá uma mudança qualitativa com o ataque à própria vida. E qual será o limite mínimo de lesão?

O Direito Penal é tendencialmente um direito de protecção de bens jurídicos. Estes são entendidos como um valor final, como um "interesse para", não existem em si mesmos mas para a realização de algo mais. São, por exemplo, a liberdade, a honra.

Contudo, à protecção de bens jurídicos corresponde a compressão ou restrições dos mesmos, uma vez que a ordem jurídico-penal protege comprimindo, pois só pela compressão se pode expandir, visando a manutenção da paz em sociedade.

O legislador penal apenas protege alguns bens jurídicos, podendo falar-se de uma fragmentariedade de primeiro grau; mas o Direito Penal, ao peneirar os bens jurídicos que entende, não os protege a todos do mesmo modo, estabelecendo níveis de protecção diferenciada, verificando-se desta forma uma fragmentariedade de segundo grau (Faria Costa, 2004, p. 53).

Logo, a noção de bem jurídico veio permitir, no que respeita aos concretos tipos legais de crime, perceber e distinguir o acessório do essencial.

Se só o tipo incriminador é portador do bem jurídico, não pode haver criminalização onde não se verifique o propósito de tutelar um determinado bem jurídico-penal. Contudo, dissemos já que uma asserção inversa não será verdadeira: nem sempre que exista um bem jurídico digno de tutela penal, este necessita de desencadear uma intervenção correspondente (Figueiredo Dias 2004, p. 120).

Como vimos, o conceito material de crime é fundamentalmente constituído pela noção de bem jurídico dotado de dignidade penal, mas tal não chega para que a intervenção criminal seja legítima. É preciso ter em conta o n.º 2 do art. 18.º da CRP, que «vinculando a uma estreita analogia material entre a ordem axiológica constitucional e a ordem legal dos bens jurídico-penais, e subordinando toda a intervenção penal a um estrito princípio de necessidade» (Figueiredo Dias 1993, p. 73), obriga a toda a descriminalização possível e, ao mesmo tempo, proíbe qualquer criminalização dispensável. Significa que não impõe, por princípio, qualquer criminalização em função exclusiva de um certo bem jurídico.

A violação de um concreto bem jurídico-penal não é suficiente para desencadear a intervenção do Direito Penal, sendo necessário que essa intervenção se mostre indispensável ao livre desenvolvimento da personalidade de cada um na comunidade. Desta forma se compreende que o Direito Penal só deva intervir como *ultima ratio* da política social, devendo ter uma intervenção subsidiária[40].

Esta limitação da intervenção do Direito Penal, deriva também do mesmo princípio constitucionalmente consagrado, o princípio da proporcionalidade. Na verdade, a sanção penal deve ser proporcional à gravidade do acto ilícito, e o Direito Penal ao utilizar, através das suas sanções, meios mais onerosos para os direitos e as liberdades das pessoas, só deve intervir quando os outros ramos do direito existentes se revelem insuficientes ou inadequados para tutelar bens jurídicos necessitados de protecção.

Portanto, o facto de o legislador punir mais fortemente os crimes contra as pessoas do que os crimes contra o património não pode ser perspectivado como uma arbitrariedade, mas antes como uma intencionalidade que deve unir todos os crimes definidos na parte especial do CP. Uma tal forma de perceber as coisas leva à aceitação de que entre as diversas infracções da Parte Especial intercede uma específica valoração de proporcionalidade que parte, primacialmente, da correspondência entre a gravidade da infracção e a gravidade da pena (Faria Costa, 2004, p. 53-59).

Ora, o princípio da proporcionalidade deve ser integrado pelo próprio ordenamento existente, dado que é ele que fornece os primeiros quadros de valoração.

Assim, com referência os princípios enunciados, devemos concluir que toda e qualquer lesão não pode ser protegida criminalmente. O Direito Penal não deve ter um papel persecutório de toda e qualquer acção que dê causa a uma determinada lesão. Ele só deve intervir como *ultima ratio* para proteger aqueles valores ou interesses que numa determinada época se têm como fundamentais, apelando para a necessidade da intervenção penal. Ninguém poderia aceitar que fosse lícito matar outrem, dado que a vida humana é um valor inalienável e matricial da coexistência

---

[40] A este propósito, Faria Costa (2000, p. 415) esclarece: «toda a ordem jurídica, independentemente do ponto ou do campo normativo em que nos situemos, tem por finalidade primeira e última a protecção de bens jurídicos. A própria ordenação dinâmica dos bens jurídicos que o direito civil possibilita e fundamenta não é coisa diferente de uma função protectora, mas também e sobretudo de uma protecção à própria ordenação que permita a fluidez, pessoal e individualmente interessada, do comércio ou tráfego dos bens jurídicos. O que, por outro lado, não quer significar que por aqui também não se sublinhe, justamente, o carácter subsidiário do próprio Direito Penal».

e sobrevivência da nossa sociedade. Apenas em situações excepcionais o Direito Penal "permite" o ataque à vida pela intercepção dos tipos justificadores (*v.g.* legítima defesa, estado de necessidade). O Direito Penal só deve intervir quando estejam em causa aqueles interesses ou valores que não podem ser protegidos por outros ordenamentos jurídicos, que ultrapassem o mínimo de aceitabilidade que a consciência ético-jurídica tenha como "suportável" para lhe conferir dignidade penal. Por conseguinte, as ofensas que sejam ou não socialmente adequadas devem ser, pela sua irrelevância, tendo em conta o tipo de lesão, a intensidade da acção ou o contexto relacional entre a vítima e o presumível ofensor, afastadas do âmbito da criminalização jurídico-penal. O Direito Penal só deve intervir onde seja estritamente necessário, por isso não protege todo e qualquer bem jurídico, mas apenas aqueles que sejam jurídico-penalmente relevantes.

Apesar da ocorrência de lesões de tal forma graves, deixando a vítima numa zona de fronteira entre o ataque máximo à integridade física e a violação da própria vida, pensamos (diversamente v. Faria Costa, 2004, p. 42) que essa pessoa não só está no "mundo dos vivos", como em interacção com esse mundo e com os outros que o rodeiam. O facto de existirem situações "cinzentas" (situações de coma e de vida vegetativa persistente), para as quais não queremos olhar, em cuja intimidade receamos penetrar, porque interferem com o mais profundo do nosso ser, deixando-nos sem capacidade de compreensão e de resposta, não nos pode levar a afirmar que estejamos perante a violação de «uma realidade social, ética e juridicamente já diferente da mera integridade física mas que ainda não atingiu o degrau da violação da própria vida humana» (Faria Costa, 2002, p. 21). Encontramos inúmeros casos em que devido a um determinado acidente a pessoa ficou cerebralmente atingida, incapaz de gerar palavras, construir frases, emitir pensamentos, movimentos ou outros sinais que nos permitam encontrar um elo de comunicação. E nem a tomografia axial computorizada (TAC) transmite qualquer esperança de reversão do estado clínico da vítima, apenas permitindo fazer um levantamento dos estragos existentes. Na verdade a TAC revela-nos o estado clínico no sentido biomédico mas nada nos diz, nem nos pode informar, sobre o sistema emocional da pessoa que se encontra nessas circunstâncias. Ora, dessa ausência de informação sobre o estado emocional da vítima, não podemos afirmar a inexistência de um elo de comunicação com a realidade exterior. E se é verdade que a ciência médica teve um desenvolvimento extraordinário, prolongando e aumentando a nossa qualidade de vida, também continua a ser verdade que o nosso cérebro mantém amplas zonas ainda inacessíveis ao conhecimento das ciências médicas, incapazes de explicar certos desenvolvimentos positivos de estados clínicos com hora marcada de morte mas em que se deu a sua «*restitutio ad integrum*». E quantas vezes, nessas situações, os médicos aconselham os familiares a manterem "diálogo" com esse ser ausente-presente, para não cortarem a emissão de relação afectiva, ao mesmo tempo que não conseguem explicar cientificamente a razão de tais conselhos. É que, e se tivermos presente o que dissemos no terceiro ponto do segundo capítulo, o cérebro emocional (conforme ilustra a próxima imagem) pode ser conhecido através dos elementos recolhidos à vítima e de imagens quando esta se encontra consciente. A comprová-lo temos os estudos feitos pela equipa do *Massachusetts General Hospital*, um dos maiores centros de imagem funcional do cérebro no mundo (Servan-Schreiber, 2002, p. 126). Pensamos que os mesmos resultam da experiência médica e do própria noção de saúde biopsicossocial, onde nos parece que, nestas situações, o psicossocial ganha toda a sua força e eficácia. Como já tivemos ocasião de referir (p. 47 deste estudo), o corpo e as emoções estão profundamente ligados (v. imagens seguintes). Se não podemos provar cientificamente esses estados de reversibilidade para a "vida", também não podemos negar a sua existência, só pelo simples facto de não conseguirmos respostas científicas para o efeito ou porque provocam um estado de mal estar com o nosso "eu" perante o "outro", para quem não conseguimos olhar, porque a dor que nos transmite não é a dor do "outro" (nessas situações não sabemos o que sente, o que pensa) mas a nossa própria dor perante o seu estado clínico.

Nas palavras de João Lobo Antunes (2001, p. 16), a ciência médica sabe, hoje, que «não existem centros individualizados, mas redes neuronais sincronizadas, ligando múltiplas áreas funcionais. Ao mesmo tempo, vamos tentando perceber a arquitectura neuronal de funções tão complexas como a consciência, a atenção, a vontade, a própria memória, para não falar já de outras, parece que únicas da raça, como o juízo moral ou o génio artístico».

O que está em causa é a saúde pessoal, na medida em que toda a lesão tem de ser analisada e avaliada em termos biopsicossociais. Ao dizermos isso não estamos a defender, juridicamente, a noção de saúde da OMS, uma vez que esta concepção nos parece ser demasiadamente ampla e subjectiva. Mas queremos precisar que partindo desse conceito temos que passar a incluir uma visão global e completa do ser humano, determinando os danos fisiológicos, funcionais e psíquicos e/ou psicológicos. Por isso o direito à saúde pessoal tem de ser um direito à sua integridade psicofísica. E dado que o corpo humano é o principal campo de acção do cérebro emocional, na medida em que a emoção nos surge numa primeiro plano como um estado do corpo, e só num segundo plano como uma percepção do cérebro, há que atender a essa relação unificada entre corpo-cérebro na avaliação do dano corporal em matéria penal. Trata-se de uma ideia de saúde pessoal na sua unidade psicossomática de que todo o indivíduo é detentor na sua globalidade. Nesta avaliação unificadora do corpo-cérebro precisamos de ter critérios de avaliação para podermos estabelecer, com alguma objectividade, um nexo de causalidade entre o dano e as consequências físico-psíquicas eventualmente dele resultantes. Sabemos que nem sempre será fácil uma tal comprovação, mas cremos que, com a alteração dos padrões da avaliação do dano corporal na Medicina Legal, poderemos ter um contributo para uma melhor determinação jurídica deste bem jurídico, sem que haja uma proliferação de casos de natureza psíquica e/ou psicológica nos tribunais. Nem é isso que se pretende. Apenas entendemos que não se pode negar a evolução da ciência nesta matéria, nem a Medicina Legal nem o Direito podem continuar, na prática, a avaliar de forma mais completa os danos fisiológicos e funcionais sem ter em conta lesões de natureza psíquica e/ou psicológica tenham ou não uma tradução física e/ou funcional. Aliás não se pode medir da mesma forma, com os mesmos critérios a componente física e psíquica. Embora sejam duas realidades comunicantes entre si, manifestam-se de formas diferentes, no sentido em que a componente física e funcional é mais perceptível aos nossos sentidos do que uma lesão ao nível psíquico e/ou psicológico que não se manifeste nessa componente física/funcional. Contudo, com uma entrevista rigorosa, com os conhecimentos clínicos da vítima e todo o seu historial, será possível estabelecer um nexo de forte conexão entre a lesão e as alterações sofridas pela vítima na sua unidade psicossomática. Uma abordagem da vítima que deixe de ter em conta a sua história, o seu contexto, o seu estado anterior e posterior à lesão sofrida, a sua atitude, não pode traduzir uma avaliação correcta do dano corporal e, em termos de indemnização, um apuramento justo e integral da saúde pessoal. Como dissemos, o nexo de causalidade é mais fácil de estabelecer quando estão em causa doenças funcionais,

Discussão 101

doenças psíquicas funcionais (ex. um traumatismo no cérebro que atinja o centro da fala, deixando a pessoa afásica), mas já será mais difícil apurar se em consequência de um traumatismo no cérebro a pessoa teve alterações na sua personalidade, tornando-se mais irascível, introvertida, etc. Mesmo nestes casos, com uma outra forma de avaliação na Medicina Legal, se conseguirá estabelecer, em algumas situações, um efectivo nexo causal. É necessário que incidindo sobre o sujeito, se suponha uma alteração temporal ou permanente no seu funcionamento, que diminua ou condicione as suas possibilidades de participação no sistema social (Berdugo de La Torre *apud* Llorens, 1988, p. 31).

A nossa medicina parece estar mais voltada para o diagnóstico de uma doença específica e para o respectivo tratamento adequado. Esta forma de exercer o acto médico funciona bem nas doenças agudas mas revela os seus limites quando estamos perante doenças crónicas curando-lhes apenas as crises e os sintomas (Servan-Schreiber, 2003, p. 221).

Por isso o dano à saúde não deve ser considerado apenas como dano biológico (perspectiva médico-legal), como uma diminuição somático-psíquica do indivíduo, em consideração dos aspectos anatómicos e fisiológicos, mas tem que abranger essa unicidade corpo-cérebro e numa relação estreita com o conceito jurídico de dano à saúde pessoal. Por esse motivo pensamos que as situações de coma e de vida vegetativa persistente caem ainda no tipo legal de ofensas à saúde pessoal, consonantes com uma visão integral da pessoa. Esses casos deveriam ser punidos mais fortemente. As lesões que têm como consequência este tipo de sequelas, em que o agente não faz nenhuma tentativa de homicídio, mas um verdadeiro ataque à integridade física da pessoa violentíssimo (*v.g.* tetraplegia) solicitam ao Direito Penal uma punição mais forte.

Assim sendo, temos que tentar descortinar quais os limites mínimos. Ora, estes limites prendem-se com a ideia de dignidade penal.

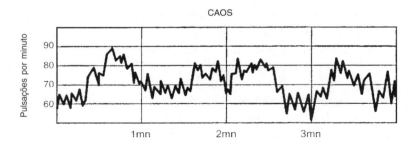

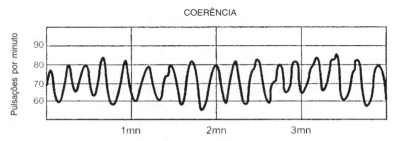

Imagem n.º 3: Caos e coerência

Fonte: SERVAN-SCHREIBER, David – Curar: o stress, a ansiedade e a depressão sem medicamentos nem psicanálise, 2003, p. 55.

«Nos estados de stress, de ansiedade, de depressão ou de cólera, a variabilidade do ritmo cardíaco entre dois batimentos torna-se irregular ou «caótica». Nos estados de bem-estar, de compaixão, ou de gratidão, esta variação torna-se «coerente»: a alternância de acelerações e de abrandamentos do ritmo cardíaco é regular. A coerência maximiza a variação durante um dado intervalo de tempo e leva a uma maior – e mais saudável – variabilidade».

Imagem n.º 4: O corpo e as emoções estão profundamente ligados
Fonte: SERVAN-SCHREIBER, David – Curar: o stress, a ansiedade e a depressão sem medicamentos nem psicanálise, 2003, p. 128.

«As «células assassinas» do sistema imunitário são a primeira linha de defesa do organismo. Como a maior parte das funções do corpo, a actividade destas células está sob o controlo do cérebro emocional. As emoções positivas, como a calma e o bem-estar, estimulam-nas, e o stress, a ansiedade e a depressão inibem-nas. Aqui algumas células assassinas (brancas) atacam uma célula cancerosa (castanha)».

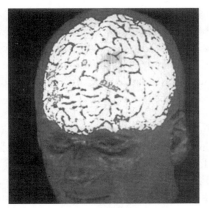

Imagem n.º 5: À superfície, o cérebro cognitivo
Fonte: SERVAN-SCHREIBER, David – Curar: o stress, a ansiedade e a depressão sem medicamentos nem psicanálise, 2003, p. 128.

«O «córtex» cobre a superfície do cérebro. É o centro do pensamento e da linguagem. Nesta imagem, extraída de um estudo do nosso laboratório em Pittsburgh, vemos o córtex pré-frontal activar-se num indivíduo que efectua uma tarefa mental complexa».

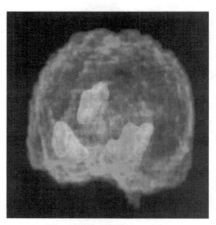

Imagem n.º 6: Em profundidade, o cérebro emocional
Fonte: SERVAN-SCHREIBER, David – Curar: o stress, a ansiedade e a depressão sem medicamentos nem psicanálise, 2003, p. 128.

«Verdadeiro «cérebro no interior do cérebro», o cérebro emocional controla as funções fisiológicas do corpo: o ritmo cardíaco, a tensão arterial, o apetite, o sono, a libido, e mesmo o sistema imunitário. É sobre ele que é preciso agir para curar o *stress*, a ansiedade e a depressão. Nesta imagem tirada de outra experiência do nosso laboratório, vê-se o cérebro emocional selectivamente activado (a cinzento claro) em indivíduos que sentem brevemente um medo intenso».

Há comportamentos que, não obstante serem violadores de bens jurídicos, pela sua própria natureza, não atingem aquele mínimo de dignidade penal que os faz pertencer ao próprio Direito Penal.

Welzel *(apud* Figueiredo Dias, 2004, p. 275) acentuou que todos os tipos incriminadores têm de ser interpretados como contendo uma cláusula restritiva de inadequação social, que permitiria excluir do tipo de ilícito todas as acções que «não caem notoriamente fora da ordenação ético-social da comunidade».

Welzel, todavia, oscilou entre a caracterização da adequação social como causa de exclusão do tipo, «com base no afastamento do carácter típico da conduta», e a sua consideração como causa de exclusão do tipo de ilícito, com «acento na ilicitude» (Paula Faria, 1995, p. 221).

Assim, e a título de exemplo, quem no círculo familiar imputa factos ofensivos da honra e consideração de outra pessoa ou quem provoca a outrem lesões na participação em competições desportivas, não preenche os tipos de ilícito respectivos, especificamente, os de difamação e da violação da integridade física.

Para Stratenwerth *(apud* Paula Faria, 1995, p. 220), os tipos legais de crime, ao terem que ser formulados em termos abstractos, permitindo abarcar, dessa maneira, todas as matizes do comportamento ilícito, acabavam por alcançar condutas em perfeita conformidade com a ordem social, sendo necessário um «corrector do tipo» que permita considerar tais condutas conformes ao direito.

Segundo Figueiredo Dias (2004, p. 277), sendo o tipo o portador de um sentido de ilicitude, e nesta acepção um tipo de ilícito, em todas estas hipóteses se deve negar a tipicidade da acção, uma vez que a prioridade ôntica, normativa e teleológica pertence ao ilícito e não ao tipo.

Portanto, há ataques à saúde pessoal que pela sua própria natureza não têm dignidade mínima para ascenderam ao discurso jurídico-penalmente relevante, podendo-se falar de um outro princípio de interpretação do tipo: o princípio da insignificância.

Em decorrência da fragmentariedade e subsidiariedade, para ser típica, a conduta deve ter relevância, ou seja, o Direito Penal só deve actuar até onde for necessário para a protecção do bem jurídico. Se a ofensa ao bem jurídico é insignificante, o facto não é típico.

A relevância penal é aferida, no caso concreto, pelos critérios da nocividade social da conduta, desvalor da acção e do resultado, grau de lesividade ao bem jurídico tutelado e necessidade de aplicação da pena, analisados em conjunto.

Poder-se-ia pensar que o princípio da insignificância é um caso de aplicação da doutrina da adequação social. Mas se tivermos em conta que o ponto de referência da adequação social é a acção ilícita, a intensidade da agressão e que o ponto de referência do princípio da insignificância é o resultado ilícito, a intensidade da lesão, verificamos que o princípio da insignificância não pode ser um caso de aplicação da adequação social. Pensamos, antes, que o princípio da insignificância é um caso de interpretação teleológica (restringindo o valor de resultado), na medida em que pergunta pelo sentido e pelo fim do preceito. Como ficou dito anteriormente, o tipo precisa de ser interpretado à luz da protecção dos bens jurídicos. E estes só são visíveis por intermédio dos tipos incriminadores. É através dos bens jurídicos que podemos compreender porque é que o Direito Penal pune um determinado comportamento e não outro. Assim, é o princípio da insignificância que faz com que algumas lesões ainda que possam entrar no conceito de saúde pessoal não se devam incluir no conceito de saúde pessoal jurídico-penalmente relevante.

Vimos que o conteúdo do princípio da proporcionalidade devia ser integrado pelo próprio ordenamento existente, dado que é ele que fornece os primeiros quadros de valoração. Se assim não fosse, a intervenção do Direito Penal estaria a violar o princípio da proporcionalidade, sob a forma de violação do princípio da proibição do excesso ou quando se revelasse inadequado para a prevenção de determinados ilícitos.

Ora, sendo essa a nossa percepção, o elemento da insignificância parece estar contido no princípio da proporcionalidade, impondo que com ele se aceite, analise e interprete o horizonte normativo onde ele intervém, bem como o seu âmbito de aplicação. Desta forma, podemos interpretar o tipo à luz da protecção de bens jurídicos, uma vez que o tipo legal de crime filtra o que é penalmente relevante, separando os comportamentos com relevância para o Direito Penal. Por conseguinte, o princípio da insignificância só pode ser aferido por intermédio do próprio tipo que nos permitirá determinar se a violação de determinado bem jurídico é ou não susceptível de ascender ao discurso jurídico-penalmente relevante. Portanto, a prova da dignidade penal só pode ser encontrada no próprio tipo, uma vez que comporta os elementos capazes de delimitar os valores ou interesses que o Direito Penal deve proteger. Assim, os ataques insignificantes a bens jurídicos não poderão ser típicos e como tal ascender ao discurso do Direito Penal. Neste sentido, deve-se ter em conta o princípio da insignificância ou, de outro modo, o princípio *minima non curat praetor*. É ele que deve servir de filtro para determinar se certo comportamento deve ser subsumido a preceito incriminador. A criminalização dos chamados crimes bagatelares de escassa (ou nenhuma) ressonância ético-social contrariam o princípio da proporcionalidade e de *minima non curat praetor*, conduzindo à paralisia da justiça e a um problema económico resultante do acervo de casos bagatelares que percorrem o circuito das instâncias judiciais, afastando-as da possibilidade de realizar as suas funções de «perseguição no sector da criminalidade mé-

Discussão 107

dia e grave» (Paliero, 1985, p. 357-358) e afastando-se do fundamental papel do Direito Penal como *ultima ratio* da política social, como tutela (*de ultima ratio*) de bens jurídicos (Figueiredo Dias, 1996, p. 68).

Dentro dos crimes bagatelares importa, tendo em conta o estudo anteriormente efectuado, distinguir aqueles que apesar das lesões insignificantes a que deram causa, traduzem no entanto alguma ressonância ético-social relevante ou denunciam (pela intensidade da lesão, pelo resultado ilícito) certo perigo à ordem legal, e são, portanto, merecedores de pena, independentemente da concepção que se tenha sobre os fins das penas, no sentido de considerar a culpa como fundamento ou como limite da pena. Somente importa que a cominação de qualquer reacção criminal tenha subjacente um juízo de censura ao agente (Faria Costa, 1985, p. 124).

Na verdade, esses crimes não ficam aquém do limite mínimo inferior com base no qual seriam excluídos da tipicidade penal. Precisamente, e reportando-nos aos crimes contra a saúde pessoal, porque atingem o limite mínimo de lesão à saúde física e/ou psíquica, lesam a saúde significante. Por conseguinte, os crimes bagatelares devem ser distinguidos entre aqueles que atingem o limiar mínimo de lesão e são, portanto, merecedores de dignidade penal e os que, por não alcançarem esse limiar mínimo se afastam da tipicidade penal.

Podemos, a título meramente exemplificativo, apresentar três casos: o primeiro, a situação de um indivíduo queimado com a ponta de um cigarro, que médico-legalmente é dado como curado; o segundo, de uma pessoa que é atingida por um projéctil de arma de fogo (tendo o agressor intenção de ferir apenas a saúde pessoal e não de lhe provocar a morte) que lhe passa tangencialmente num órgão vital, sem deixar qualquer vestígio; o terceiro, a da vítima que é alvo de maus tratos verbais de forma reiterada e prolongada, levando-a a um estado de anomia, de pânico e desespero, com perturbações de sono, etc.

Na primeira situação podemos verificar que apesar da pessoa ter sido dada como curada, em virtude da noção de saúde revelada no serviço de clínica médico-legal, com um cariz puramente biológico, não será difícil de aceitar que uma tal agressão possa ter provocado um abalo psicológico de certa gravidade. É que habituados a uma medicina mais virada para a sintomatologia fisiológica, mais objectiva e fácil de determinar, temos descurado a saúde psíquica e/ou psicológica, na avaliação do dano da saúde pessoal, dada a dificuldade de quantificar e valorar com dados objectivos, matemáticos. E, no entanto, não podemos continuar a negar a sua evidência, só porque desconhecemos a sua relevância ou não conseguimos a objectividade tão cara à ciência jurídica, para poder afirmar com a precisão de um bisturi que determinada lesão deu causa às queixas apresentadas pela vítima. Se a Medicina Legal introduzir na clínica médico-legal, em matéria penal, formas de avaliação adequadas a um exame rigoroso e credível, com base nos parâmetros de avaliação existentes e nos conhecimentos da psiquiatria/psicologia, poderemos passar a ter uma nova abordagem jurídica da saúde pessoal, com as consequências inerentes na avaliação do dano corporal e na determinação dos pedidos de indemnização cível enxertados no Direito Penal. E nesta perspectiva, a própria vítima sairá reforçada na sua saúde pessoal, uma vez que havendo uma verdadeira comunicação entre a Medicina Legal, o Direito, os Órgãos de Polícia Criminal e os Órgãos Judiciais, mais facilmente se restabelecerá a comunicação entre o "eu-ofendido" com o "outro- -ofensor" e a realidade social, contribuindo-se, assim, para o equilíbrio biopsicossocial, através de uma correcta e adequada valoração do «cérebro emocional».

No segundo caso apresentado, a acção perpetrada pelo agente colocou em perigo a vítima e a ordem legal existente, apesar de não a ter atingido de forma a deixar sinais objectivos, teve ressonância ético-social relevante.

No terceiro caso, a saúde psíquica é fortemente abalada manifestando-se em transtornos físicos, embora não haja qualquer evidência de lesões físicas.

Em todos os exemplos enunciados não parece haver dúvidas sobre a dignidade penal que comportam, devendo por isso ascender ao discurso jurídico-penal. De facto, estes casos «ultrapassam o mínimo de tolerabilidade que a consciência ético-jurídica da comunidade considera como suficiente para lhes emprestar dignidade penal» (Faria Costa, 1985, p. 131).

Quanto aos outros crimes bagatelares, aqueles que apenas atingem uma parcela mínima de lesão, sendo totalmente insignificantes quanto ao resultado (físico e/ou psíquico) não necessitam de pena e tendem a traduzir-se numa causa de exclusão da tipicidade penal do facto. Trata-se de "lesões" que ficam abaixo do limite mínimo inferior da tutela penal, correspondendo a uma lesão insignificante da saúde. A este propósito temos os dados recolhidos nos relatórios médico-legais, onde pudemos verificar que muitas das queixas apresentadas nem sequer apresentavam lesões traumáticas ou seus vestígios e as que apresentavam, eram o resultado de pequenas escoriações, equimoses, pequenas cicatrizes que, como vimos, não se podem ter como doenças.

Portanto, dentro dos crimes bagatelares há que diferenciar consoante se ultrapasse ou não o limite inferior mínimo do tipo legal dos crimes contra a integridade física, podendo falar-se, a este respeito, de uma saúde significante e de uma saúde insignificante para efeitos jurídico--penalmente relevantes.

Assim, contrariando o Assento do Supremo Tribunal de Justiça, de 18-XII-91, já fará todo o sentido a decisão tomada pelo Acórdão do Tribunal da Relação de Lisboa, de 18-VI-2002.

Este tribunal, considerando que o crime de ofensa à saúde pessoal é um crime material e de dano, abrangendo um determinado resultado que é a lesão do corpo ou saúde de outrem, determina que a ofensa ao corpo não pode ser insignificante. Por conseguinte, «Tendo a primeira instância apurado que a arguida atingiu a assistente na face com a ponta dos dedos, mas não tendo considerado provado que tal gesto constituísse uma "bofetada" e que a assistente ficasse prejudicada no seu bem-estar físico, não pode deixar de concluir-se que, ainda que essa factualidade constitua, de alguma forma, ofensa ao corpo da assistente, a mesma é insignificante e não integra o crime em causa». Desta forma devemos repudiar decisões como a tomada pelo Acórdão do Tribunal da Relação do Porto, de 8-VII-98 dispondo que: «lançar um copo de água sobre o rosto de uma pessoa, de forma intencional, provocando contacto com o corpo, cause ou não dor, envolve ofensa à integridade física alheia».

Na verdade, há violações da integridade física que, pela sua insignificância, pelo contexto social e pela relação existencial entre a vítima/ ofensor, não podem ser consideradas ofensas corporais.

Mas se tais ofensas não atingem o limiar mínimo de dignidade penal, poderão ou não preencher o crime de injúrias?[41]

Ora, muitas das queixas apresentadas na Medicina Legal, para além de apresentarem sinais levíssimos de ofensas corporais, muitas vezes nem sequer evidenciam qualquer marca. Contudo, conhecendo o contexto em que ocorreram, podemos verificar que, traumas com lesões físicas mínimas ou até sem lesões podem ter consequências psicológicas im-

---

[41] Para uma aprofundamento dos crimes contra a honra, v. Faria Costa, «Dos Crimes Contra a Honra», *in*: *Comentário Conimbricense do Código Penal*, Parte Especial, Tomo I, Coimbra, 1999, p. 601-654 e José Beleza dos Santos, «Algumas considerações jurídicas sobre crimes de difamação e de injúria», *in*: *Revista de Legislação e de Jurisprudência*, p. 164-216, Coimbra, 1960.

III. Contributo Pessoal

portantes, cabendo ao perito médico fazer uma avaliação rigorosa e fornecendo aos juristas elementos capazes de estabelecer um nexo causal (no sentido médico-legal), por exemplo através de uma escala percentual, que ultrapasse a dúvida razoável e que nos remeta para uma forte probabilidade da existência de um tal nexo. Algumas dessas situações podem, pela importância do abalo psíquico e/ou psicológico, tendo em conta a intenção do agente, consubstanciar um crime contra a integridade física, mas outras têm um carácter vexatório, humilhante, que nos remetem para o crime de injúrias.

É também com base na delimitação acima descrita que devemos enquadrar estes casos que, não alcançando o limiar mínimo de dignidade penal nos crimes contra a integridade física, podem preencher o crime de injúrias, em consequência do carácter vexatório, humilhante, ofensivo, resultante da lesão.

O facto de se ter retirado, no actual CP, o anterior art. 173.º «injúrias através de ofensas corporais» não significa que elas não possam ser abrangidas pelo actual art. 182.º do CP. Na verdade, este dispõe: «À difamação e à injúria verbais são equiparadas as feitas por escrito, gestos, imagens ou qualquer outro meio de expressão». Podendo, por isso, ser perpetradas através de ofensas corporais. Como se pode ver no Acórdão do Tribunal da Relação do Porto, de 27-XI-96, «O crime de injúrias através de ofensas corporais previsto no art. 173.º do CP de 1982, continua a ser punível nos termos do art. 182.º do CP de 1995, pelo que estamos perante uma sucessão de leis penais no tempo e não perante uma lei nova que descriminaliza uma conduta que era punível e que agora deixa de ser».

A importância da "honra" na «reivindicação das vítimas aparece, assim, como principal explicação entre a discordância que se coloca quando estão em causa lesões mínimas e queixas muito importantes» (Magalhães, 2000, p. 59).

Do exposto podemos concluir que, nos crimes contra a saúde pessoal, sob o ponto de vista médico-legal e jurídico, só podem ser tidas como relevantes aquelas ofensas à saúde física e psíquica que sejam significantes. Assim se pode verificar a existência de uma ofensa à saúde significante e de uma ofensa à saúde insignificante para efeitos jurídicos e médico-legais. Esta última será toda a ofensa de que não resulte um qualquer desvio considerável do estado normal do ponto de vista anatómico e/ou funcional, ficando a pessoa num «estado relativamente isento

Discussão

111

de incómodo e sofrimento», e por isso, mantendo o seu estado de saúde equilibrado, numa perspectiva biopsicossocial, sem necessidade de intervenção penal e médico-legal, nos crimes contra a saúde pessoal.

A saúde, na perspectiva médico-legal, poderá ser entendida como o estado anterior, na medida em que só deve ser tido em conta o dano que resulta integralmente da lesão traumática. Em alguns casos, o dano pode e deve ser entendido como resultado de uma concorrência de causas, entre as quais o traumatismo. São situações de concausalidade, isto é, para além do factor traumático o dano resulta de outros elementos causais intervenientes – o dano é, então, imputável só parcialmente ao traumatismo.

No decurso do exame pericial, seja ou não referido pelo examinado, o perito poderá ter a percepção da existência de determinados factores anteriores à ofensa em questão que tenham influenciado a evolução das lesões, implicando alterações na valorização das consequências. Trata-se de determinar quais das situações que podem incluir o estado anterior poderão ser consideradas concausas atendíveis, de forma a que, num momento posterior, o agressor não seja responsabilizado pela totalidade das sequelas. Por exemplo, uma pessoa idosa a quem sejam infligidos traumatismos. Provavelmente, atendendo à idade, essa pessoa encontrar-se-á mais debilitada e enfraquecida, levando a que tenha mais lesões e de maior gravidade, sendo a consolidação mais tardia e as sequelas mais importantes, do que num jovem (Corte-Real[42], 1998, p. 163). Um outro exemplo, o de um recém-nascido, ou uma criança com pouca idade, que não resistem da mesma forma a certos traumatismos violentos, tal como um adulto. Nestas situações, temos um estado anterior que influencia ou pode influenciar negativamente a evolução das lesões, e no entanto, não poderemos responsabilizar a evolução das lesões a esse estado anterior (Corte-Real, 1998, p. 163).

Trata-se da existência de estados mórbidos anteriores e que na prática podem verificar-se uma de duas seguintes situações. A primeira é aquela em que o traumatismo agrava uma situação patológica anterior, acelerando a evolução e acentuando a sintomatologia; reactivando um foco latente, uma afecção controlada, etc. Nesta situação em que o trauma agrava estados patológicos anteriores, temos de ter em conta que se es-

---

[42] As considerações expendidas sobre o estado anterior terão como referência o autor acima citado.

tiver em causa a exteriorização de uma patologia latente, deve-se fazer uma avaliação própria para cada situação (Corte-Real, 1998, p. 172). Assim, se não era provável que essa patologia se viesse a revelar, então o traumatismo em questão deve ser responsável por essa situação.

Por outro lado, não se deve imputar ao traumatismo um efeito agravante valorizável quando o estado mórbido anterior está em grau muito avançado de evolução, como pode acontecer no âmbito da cancerologia, da tuberculose, das cardiopatias.

Uma segunda situação é aquela em que os efeitos traumáticos são potencializados por uma situação patológica anterior. Neste caso, apenas devem ser considerados os estados mórbidos propriamente ditos (concausas patológicas) e não vulnerabilidades anátomo-fisiológicas (concausas fisiológicas).

Tendo em conta o conceito de saúde e de doença médico-legal, podemos entender por lesão toda a alteração do equilíbrio somático--psíquico ou da saúde, de forma a que qualquer alteração nesse equilíbrio, que provoque um mal estar, e não precise de assistência médica, nem tratamento, limitando-se a um mero diagnóstico ou inclusive que este não exista, constitui o grau mínimo de lesão.

Quanto ao dano à saúde, ele é não só um dano à integridade bio--psíquica como um dano à vida de relação que, em certos casos, incide também sobre a capacidade produtiva da pessoa (dano patrimonial em sentido estrito).

Dano corporal ou dano à saúde que merece referência especial ao chamado dano psíquico (Álvaro Dias, 2001, p. 142).

Quando se trata de avaliar um dano corporal, em situações como a do caso n.º 37, com traumatismo crânio-encefálico, não será difícil estabelecer um nexo de causalidade entre o traumatismo e dano, com base na informação clínica recolhida. Mas quando passamos para os planos subjectivos, como as repercussões psicogénicas de um acidente sobre uma pessoa e a sua família, tudo se torna mais difícil de apurar.

Como avaliar, então, um tal dano? Geralmente quando se fala em trauma pensamos em traumatismo físico, assim como quando falamos em dano a tendência é para se pensar na sua vertente lesional, procurando-se desta maneira a organicidade do dano, pois torna-se mais fácil estabelecer um nexo de causalidade.

O trauma «traduz um evento (choque), que ocorre súbita e inesperadamente, ameaçando o bem-estar psicológico de quem o sofre» (Magalhães, 2000, p. 51-52).

Discussão   113

Para a vítima, o trauma é um fenómeno fora do seu controlo, não lhe sendo possível tomar acções correctivas directas.

Todavia, como dissemos, as situações traumáticas podem desencadear consequências graves, com repercussões na vida da pessoa que o viveu, verificando-se que traumas com lesões mínimas ou até sem lesões podem ter consequências psicológicas importantes.

Neste sentido, cabe referir uma situação relatada nos relatórios médico-legais que permite perceber esta dimensão do trauma. É o caso de um indivíduo de sexo feminino, casada, com trinta anos de idade, desempregada, vítima de agressões a murro e com queimaduras de cigarro. Tendo em conta o que dissemos sobre a metodologia seguida no serviço de clínica médico-legal, em matéria penal, apenas encontramos informações relativas à componente somática: apresentava «equimose arroxeada, com sete centímetros de comprimento por cinco centímetros de largura; na face mucosa do hemilábio inferior direito, um ferimento com um centímetro de comprimento por cinco milímetros de largura; na região maxilar inferior, duas queimaduras do segundo grau, a superior com oito milímetros de diâmetro e a inferior com um centímetro de diâmetro». Demandaram para se curar um período de dez dias de doença, sem incapacidade para o trabalho e delas não resultou qualquer das consequências previstas pelo artigo 144.º do CP.

Logo, em termos médico-legais esta pessoa ficou curada ao fim de dez dias de doença. E pelas palavras de Duarte Nuno Vieira (2001, p. 24) fala-se em cura «sempre que o indivíduo recuperou totalmente das lesões sofridas, voltando a estar exactamente na mesma situação em que se encontrava antes do dano se ter produzido; por outras palavras, do dano não ficaram quaisquer sequelas, verificando-se uma recuperação anatómica, funcional e psico-sensorial integral». Serão os elementos suficientes para afirmar esta *restitutio ad integrum*? É certo que no plano estritamente físico se verificou a cura sob o ponto de vista médico-legal. E no plano psicológico/psíquico? Será que podemos afirmar a cura como uma verdade apodíctica?

A resposta só pode ser negativa, por ausência de elementos sobre a avaliação psíquica/psicológica da vítima. Não há um item que contemple a apresentação da pessoa, postura, discurso da vítima, estado de humor, colaboração na sua avaliação, situação histórico-social. E, no entanto, não nos parece difícil de conceber que tenha havido um abalo psicológico de certa gravidade.

Ser queimada por um cigarro (que arde a uma temperatura bastante elevada) denota uma intensidade na violência da agressão e revela, quanto ao ofensor, a sua personalidade. Aliás, a avaliação psíquica acontece mais frequentemente para o agressor do que para a vítima. Por isso, importa reformular e uniformizar os itens ou as categorias que devem constar dos relatórios médico-legais em matéria penal. Por outro lado, enquadrar este tipo de situações, caso revelem consequências corporais e/ou psicológicas importantes, no crime de ofensas corporais simples, parece desproporcional e inadequado, em face da intensidade, do meio e da forma como foi perpetrada a acção.

Por outro lado, convém referir que encontrámos nos relatórios médico-legais situações que não se enquadravam no tipo legal de crime que temos vindo a analisar, mas noutros tipos, como o de abuso sexual, maus tratos e ofensa à integridade física por negligência. Por conseguinte, entendemos que se devia retirar dos relatórios médico-legais, as conclusões relativas à qualificação do crime.

A Medicina Legal deve pretender fornecer aos juristas todas as informações (objectivas e subjectivas) relativas às consequências de uma dada agressão e as repercussões da mesma na vítima, numa perspectiva biopsicossocial.

A vivência do trauma pode ocorrer logo que este tem lugar (quando a pessoa mantém o seu estado de consciência), sendo neste caso relevante, em diversas situações, o medo da morte, os sentimentos de angústia e de impotência que se associam. Mas a reacção ao trauma pode prolongar-se no tempo e manifestar-se a nível psicológico (pensamento, afectividade e comportamento), a nível somático e a nível psiquiátrico (Magalhães, 2000, p. 52).

Os eventos traumáticos podem produzir efeitos negativos no pensamento, invadindo a consciência, afectando os sonhos (pesadelos), aumentando a vigilância, com diminuição da auto-estima, etc. Podem, também, dar causa a estados de raiva, irritabilidade, sentimentos de culpa (emoções de *stress*) e, ainda, depressões. Podem, também, produzir alterações negativas de comportamento, como o aumento do uso de drogas, dificuldades no desejo e desempenho sexual, afastamento dos outros, dificuldades no relacionamento interpessoal e agressividade.

Podem existir também consequências físicas como a taquicardia, taquipneia, tensão muscular, etc.

As alterações psiquiátricas podem igualmente existir, como tivemos oportunidade de referenciar, alguns exemplos, na primeira parte deste estudo.

Nos casos em que do trauma resultam lesões anátomo-funcionais, com sequelas no corpo, nas capacidades e nas actividades da vida diária (lesionais, funcionais, afectivas, relacionais, etc.), as consequências são geralmente graves, pois para além do dano corporal efectivo, existe a percepção pela pessoa do seu trauma e da reacção afectiva dos próximos.

O método tabelar limita a avaliação das ofensas à integridade física da pessoa, sobretudo no seu plano psíquico e/ou psicológico. Apesar da dificuldade, em certas situações, de se estabelecer um nexo de causalidade, existem hoje exames capazes de indicar uma forte probabilidade de esse nexo existir, através de questionários e do conhecimento da pessoa no seu plano integral. Cabe aos peritos apresentar elementos adequados a aferir e a estabelecer esse nexo de causalidade entre o trauma e as lesões psíquicas e/ou psicológicas, tenham ou não reflexos funcionais. O importante é que se revelem de certa gravidade, interferindo com o seu modo de vida, evidenciando uma alteração relevante no seu estado psicológico e/ou psíquico consequente ao trauma e tendo em conta o estado anterior da vítima.

2.2. Uma avaliação médico-legal do dano corporal nos crimes contra a saúde pessoal

Se tivermos uma efectiva aplicação do princípio da insignificância, esvaziando os Tribunais e a Medicina Legal dos casos bagatelares, que pela sua elevada percentagem bloqueiam todo o sistema, impedindo uma avaliação do dano à saúde pessoal dos casos com verdadeira dignidade penal, poderemos ter uma mais justa avaliação da saúde pessoal para efeitos de indemnização cível nas instâncias jurídicas. Por outro lado, ao defendermos o bem jurídico "saúde pessoal" estamos a ampliar a avaliação dos danos causados à saúde física e psíquica e desta forma a contribuir para que só o dano realmente sofrido pela vítima em consequência de uma lesão seja passível de indemnização. Temos consciência da complexidade dessa avaliação em muitos casos. Tanto o estado anterior como o nexo causal, a fixação da consolidação, a valoração das concausas, etc., podem ser de extrema complexidade. Mas pensamos que o conceito de saúde pessoal é mais justo como critério de indemnização, uma vez que estão em causa tanto os danos patrimoniais como os extrapatrimoniais. Um conceito de saúde pessoal torna mais fácil e mais justa a determinação da indemnização do que um critério baseado em uma concepção de saúde ancorada num conceito biomédico. Assim, determinadas doenças poderão passar a ter outro tratamento por parte das instâncias judiciais. Por exemplo, nas doenças crónicas levantam-se problemas complexos como a determinação da data de consolidação das lesões. Se a evolução da lesão permanece indefinida, precisando de cuidados médicos, impedindo a reintegração do indivíduo na sua vida normal, nas suas tarefas habituais (Villanueva Cañadas, 1994, p. 96) sem se poder determinar a data de cura ou da consolidação, não se poderá chegar a uma avaliação integral dos danos, não sendo por isso possível de fixar as medidas reparatórias e indemnizatórias correspondentes. E todavia, sob o ponto de vista jurídico, parece insustentável não se abranger um tal dano. Por isso e no entendimento de Villanueva Cañadas, as situações crónicas precisam de uma resposta jurídica de forma a reparar o dano causado. A necessidade de que tais situações cheguem ao seu fim, para se poder avaliar e quantificar os resultados dos danos ou sequelas sofridas dificultam, pela indeterminação da fixação da data de cura/consolidação, o estabelecimento do *quantum* indemnizatório. Mas é precisamente nessas situações que mais gritante se torna o estabelecimento da quantificação do dano para que se possa obter a reparação correspondente. É nestes casos que se deve ter em conta o critério médico-legal que identifica o estabelecimento do processo crónico com a estabilização das sequelas (Villanueva Cañadas, 1994, p. 97). Assim, se o quadro evoluiu o suficiente para se poder estabelecer com uma entidade nosológica reconhecida, onde as possíveis modificações possam ser previsíveis, devemos admitir que o quadro clínico se estabilizou, sendo susceptível de ser avaliado e indemnizado. Admitir uma posição contrária seria consentir que na maioria dos casos (ex. transmissão dolosa do vírus da SIDA, situações de coma, de vida vegetativa persistente) não se conseguisse atribuir uma indemnização/reparação em virtude da ausência da determinação da data de consolidação. O mesmo pode acontecer com as dificuldades resultantes do estabelecimento do nexo de causalidade, pois a consecutiva distância temporal com o fenómeno traumático dificulta a ligação de um nexo causal. É um problema que deverá ser resolvido pelos peritos médicos, em cada caso, atendendo à sua experiência profissional. Na verdade, enquanto nos casos não crónicos se consegue fixar a data de consolidação, estabelecendo o nexo causal e assim determinar a sua avaliação para efeitos da reparação do dano corporal, o mesmo já não acontecerá nos casos crónicos. Nestes últimos, pela sua própria definição, o processo continuará a evoluir e a manifestar-se, apresentando sinais e sintomas próprios e como tais devem ser reconhecidos pelos peritos médicos. Assim, os peritos devem distinguir, nestas situações, o nexo de causalidade entre o traumatismo e as sequelas por um lado, e por outro o que é próprio do processo crónico já estabilizado.

Nos processos crónicos e nos casos dos grandes lesionados, não considerar os riscos reais que um tal estado implica (desde a necessidade de adaptar a casa com tecnologia adequada à necessidade de ajuda de terceiros para as tarefas habituais, medicamentos, intervenções cirúrgicas, etc.) é colocar a vítima numa situação de desprotecção médica e legal, inconcebível numa concepção de saúde pessoal. Uma realidade como esta pode ser invertida com uma uniformização nos padrões da avaliação do dano corporal e com a sua reformulação, de forma a corresponder a uma visão biopsicossocial e a permitir uma correcta e justa avaliação do dano nos crimes contra a saúde pessoal. E, por conseguinte, uma melhor articulação entre a Medicina Legal e o Direito, devendo as instituições jurídicas estar abertas à valorização de danos futuros e à avaliação das possíveis alterações que possam ocorrer, nos casos resultantes de lesões traumáticas de extrema gravidade. Assim abre-se a possibilidade de avaliações que apresentem novos danos, com base na comprovação do nexo causal, para uma mais justa indemnização correspondente.

3. UMA PROPOSTA DE ABORDAGEM METODOLÓGICA NA AVALIAÇÃO DO DANO CORPORAL EM DIREITO PENAL

O legislador, ao proteger a saúde física e a saúde psíquica, quis defender a integridade do corpo e/ou da saúde numa unidade psicossomática de que qualquer pessoa é detentora na sua globalidade.

Sem negar as dificuldades existentes para um estabelecimento do nexo causal em determinadas lesões de índole psíquica e/ou psicológica, sobretudo quando não têm repercussões a nível anátomo-funcional, cremos que esse nexo poderá ser mais facilmente estabelecido se outra for a metodologia seguida no serviço de clínica médico-legal. O jurista precisa de ter conhecimento de toda a situação decorrente do evento e se este foi ou não causado pelo suposto agressor. Se analisarmos os parâmetros de avaliação actuais dos relatórios médico-legais, facilmente verificamos que não nos conferem as informações necessárias para essa avaliação. Por outro lado, para além da avaliação psicológica, os magistrados deveriam ter acesso a outras fontes de informação, de modo a ter condições para uma avaliação integral do estado da vítima. Para um melhor esclarecimento do caso poderão solicitar, antecipadamente, o parecer dos clínicos que acompanharam a vítima (*v.g.* médico de família) para apurar o estado anterior desta antes da ocorrência do evento traumático. Na verdade, torna-se fundamental, nestes casos, a colaboração dos clínicos que conheciam a pessoa anteriormente ao traumatismo. Por outro lado, os peritos médico-legais devem reunir todos os elementos necessários e descrevê-los de forma rigorosa, contribuindo para o apuramento desse nexo causal entre a lesão e o dano à saúde pessoal.

A tradição médico-legal tem sido contemplar alguns destes danos subjectivos (na pessoa) em matéria cível, no parâmetro dos danos morais, avaliando o grau de sofrimento da vítima durante o período de incapacidade temporária (*Quantum Doloris*), as repercussões pessoais e sociais do seu Dano Estético, a "perda da alegria de viver", traduzido pelo Prejuízo de Afirmação Pessoal e a Incapacidade Permanente Geral. Contudo, na avaliação destes danos acabamos por estabelecer uma avaliação a nível do corpo (Magalhães, 2000, p. 63).

A Tabela do *Concours Médical* (tabela seguida entre nós para a avaliação do dano corporal em matéria cível), embora preveja, por exemplo, nos seus parâmetros o *Quantum Doloris*, remete-nos para o tipo de lesões e tratamentos efectuados (valorização do sofrimento físico). Mais uma vez a componente psicológica é subvalorizada. O mesmo acontece com o Dano Estético, em que facilmente a avaliação se confina à descrição das lesões/deformidades, não se valorizando suficientemente o sentimento da pessoa relativamente a esse dano, nem as consequências que possa ter provocado na sua esfera relacional afectiva e profissional. O mesmo acontecendo com o Prejuízo de Afirmação Pessoal e com a Incapacidade Permanente Geral. Para obviar a estas limitações da avaliação tradicional do dano corporal, foi construído o Inventário de Avaliação do Dano Corporal (Magalhães, 2000, p. 64) que, avaliando as sequelas ao nível lesional, funcional e situacional, considerava que estas sequelas seriam capazes de reflectir, de forma indirecta, as repercussões ao nível da pessoa. No entanto, o plano subjectivo continuou ausente.

Aliás, ao estabelecermos os tipos de sequelas para a amostra deste estudo, pensávamos poder determinar (indirectamente) uma avaliação à saúde física e psíquica nos crimes contra a saúde pessoal mas, como verificámos pelos elementos existentes, essa avaliação integral da pessoa não se mostrou possível.

Discussão

Não se trata de pendermos para critérios de pura subjectividade, de difícil avaliação e comprovação, contribuindo para o risco de simulações e exageros, levando à abertura de demandas de fundamentação duvidosa. Mas acreditamos ser possível uma melhoria na avaliação da saúde pessoal (física e psíquica) através de uma uniformização de critérios que, para além de continuarem a englobar os itens existentes (em matéria cível), passem a contemplar a descrição do caso, sob o ponto de vista da vítima, contemplando questões dirigidas à pessoa, descrevendo a sua postura e apresentação, discurso, estado de humor, colaboração na avaliação, suspeitas ou não de simulação, antecedentes pessoais e familiares, queixas, exame objectivo (e subjectivo), relatórios clínicos existentes, história detalhada do evento e suas consequências, situações de vida, dificuldades sentidas, nexo de causalidade, estado anterior, etc. Julgamos, por isso, que o relatório médico-legal, em matéria penal, deve integrar as normas gerais dos relatórios periciais, com o Preâmbulo (completo), Informação (história detalhada do evento, dia, hora, local, relato das lesões sob o ponto de vista objectivo e subjectivo, etc.), Antecedentes (pessoais/familiares), Observação (exame objectivo/subjectivo), Exames Complementares de Diagnóstico (toda a informação clínica médica até ao momento da observação médico-legal, quer dos hospitais, quer de consultas particulares ou do médico de família, internamentos anteriores existentes, etc.), Estado Anterior e Estado Actual, Nexo de Causalidade (natureza adequada do traumatismo para produzir as lesões evidenciadas ao nível físico e/ou psíquico/psicológico, natureza adequada das lesões a uma etiologia traumática, adequação entre a sede do traumatismo e a sede da lesão, encadeamento anátomo-clínico e/ou psíquico/psicológico, adequação temporal, exclusão da pré-existência do dano relativamente ao traumatismo, exclusão de uma causa estranha ao traumatismo), Discussão (se é ou não de admitir o nexo de causalidade, fundamentando; fixar a data previsível de cura/consolidação, fundamentada), Cura/Consolidação (descrever detalhadamente data e alta das consultas hospitalares, do médico de família ou médico particular, data em que termina a baixa e retoma o trabalho, explicando se o tempo decorrido é o devido, avaliação do perito médico-legal detalhada e fundamentada) Exame Médico-Legal (se a cura/consolidação já se verificou, fundamentar com o historial clínico, e caso não tenha ainda ocorrido explicar as razões e se é ou não aconselhável propor novo exame – *v.g.* casos em que a vítima falte sem qualquer razão atendível), Situações Particulares (agravamento previsível a nível físico e/ou psíquico/psicológico e de que forma podem comprometer a sua vida presente e futura, necessidade de continuação ou não de acompanhamento médico, necessidade de ajuda de terceiras pessoas por perda de autonomia física e/ou psicológica, descrição da sintomatologia existente e se a mesma é compatível com o estado actual), Evolução da Consolidação médico-legal (no plano físico, psíquico e situacional, com ou sem estabilização e sua fundamentação), Consolidação/Estabilização médico-legal (de acordo com a história clínica e a previsão sequelar do caso), Estabelecimento de uma Escala Percentual para os Danos à Saúde Psíquica/Psicológica que permita aferir o grau de probabilidade do nexo causal entre a lesão sofrida e o dano à saúde. Quanto às Conclusões, estabelecer a natureza do objecto, determinar os dias de doença com ou sem capacidade para o trabalho genérico; com ou sem incapacidade para o trabalho profissional (fundamentado), com ou sem lesões psíquicas e/ou psicológicas e o valor percentual correspondente, estabelecendo o grau de probabilidade entre as lesões/dano psicológico/psíquico. Determinar se pela sua natureza, sede, tipo, etc., as lesões evidenciadas atingiram zonas vitais capazes de colocar a vítima em perigo de vida.

A aplicação de um modelo deste tipo pode ser colocada em prática se afastarmos os casos bagatelares, sem relevância jurídico-penal das instâncias jurídicas e médico-legais.

Um relatório médico-legal que contemple itens dirigidos à pessoa e que "induzam" o estado de equilíbrio biopsicossocial revela-se uma mais valia para a decisão do juiz e contribuem para um ganho ou crescimento para a vítima. A uniformização nas avaliações de peritagem, permitem uma maior comunicação entre os Serviços, aumento da qualidade e rigor da informação recolhida, informatização do sistema a nível nacional e uma visão integral do dano à saúde física e psíquica da vítima, contribuindo para um melhor diagnóstico da sua saúde biopsicossocial e para uma resposta eficaz ao restabelecimento da saúde pessoal. Verifica-se, assim, o seu equilíbrio por meio da comunicação existente entre o "eu--ofendido" com o "outro-ofensor" e a realidade social, por intermédio de uma efectiva comunicação entre a Medicina Legal e o Direito, capazes de responder de forma adequada e com celeridade às expectativas da vítima.

CONCLUSÕES

Como resultado do caminho prosseguido neste estudo podemos concluir que:

I. DOS DADOS EMPÍRICOS

a) A maior parte das queixas apresentadas não preenchiam o art. 144.º do CP.

b) Do pensamento médico e médico-legal concluímos que os médicos legistas têm uma noção de saúde biopsicossocial. Diversamente, a análise empírica revela que os relatórios médico-legais estão mais perspectivados para uma vertente biológica. Os parâmetros de avaliação do dano, em matéria penal, não facultam elementos relativos às lesões psíquicas e/ou psicológicas e a avaliação das lesões anátomo-funcionais não confere uma visão global dos danos sofridos pela vítima, à semelhança do que acontece em matéria cível.

c) Da descrição da amostra concluímos que a Medicina Legal privilegia mais a cura/consolidação das lesões físicas e/ou funcionais em detrimento das lesões psicológicas. Significa que, do ponto de vista médico-legal, se uma pessoa, decorrido o tempo de doença, foi dada como curada das lesões apresentadas, ou se as mesmas atingiram o estado de consolidação/estabilização, a pessoa readquiriu o seu equilíbrio biopsicossocial. E, todavia, pode continuar a estar, no plano psíquico e/ou psicológico, doente.

d) Nas "Conclusões" dos relatórios médico-legais, os médicos legistas assinalam se as ofensas à integridade física preenchem ou não o art. 144.º do CP e, no entanto, verificámos que muitas queixas apresentadas correspondem a outros tipos legais de crime.

II. DA DISCUSSÃO

a) À Medicina Legal deve interessar apenas a ofensa que apresente vestígios significativos e não como acontece na peritagem médico-legal, toda e qualquer ofensa independentemente do tipo de vestígios. A maior parte dos casos apresentados na Medicina Legal são lesões ligeiras, sem dignidade penal.

b) Existe uma ofensa à saúde significante e uma ofensa à saúde insignificante para efeitos penais relevantes que deve ser filtrada pelas instâncias jurídicas, nomeadamente pelo Ministério Público.

c) A nossa jurisprudência continua a pugnar pela dignidade penal de certas condutas que, pela sua insignificância, deveriam ser afastadas das instâncias judiciais. O Direito Penal só deve actuar até onde for necessário para a protecção do bem jurídico-penal. Se a ofensa ao bem jurídico-penal não atinge o limite inferior mínimo dos crimes contra a integridade física, o facto não é típico.

d) Quanto às lesões psíquicas e/ou psicológicas, apesar de poderem suscitar dificuldades na determinação de um nexo de causalidade, o importante é que se revelem de certa gravidade e que os peritos facultem aos magistrados o maior número de informações que lhes permita aferir da existência ou não de um nexo de causalidade entre o trauma e as lesões psíquicas e/ou psicológicas.

e) É possível uma melhoria na avaliação da saúde pessoal (física e psíquica) através de uma uniformização de critérios que passem a contemplar a descrição detalhada do caso, sob o ponto de vista da vítima. Neste sentido, devemos ter em conta uma nova forma de entender a saúde e a doença, por intermédio de uma nova medicina das emoções.
O legislador, ao proteger a saúde física e psíquica, nos crimes contra a integridade física, quis defender a integridade do corpo e/ou saúde numa unidade psicossomática. Propõe-se, por se julgar mais adequada, a designação de crimes contra a saúde pessoal. É este conceito que melhor transmite a importância do equilíbrio entre o cérebro emocional e o cérebro cognitivo. A saúde psíquica e/ou psicológica é um equilíbrio entre a emoção e a razão. A saúde psíquica e/ou psicológica da vítima não pode continuar a ser subestimada pela ciência jurídica e médico-legal na avaliação do dano corporal.

Conclusões 123

f) À Medicina Legal não compete a qualificação jurídica das queixas apresentadas, apenas lhe compete fornecer uma informação rigorosa e completa numa perspectiva biopsicossocial.

g) Acreditamos ser possível uma melhoria na avaliação da saúde pessoal (física e psíquica) através de uma uniformização de critérios que para além de continuarem a englobar os itens existentes (em matéria cível), passem a contemplar a descrição detalhada do caso, sob o ponto de vista da vítima. Nos processos crónicos e nos casos dos grandes lesionados, não considerar os riscos reais que um tal estado implica é colocar a vítima numa situação de desprotecção médica e legal, inconcebível numa concepção de saúde pessoal.

RESUMO

Partimos da procura de um conceito de saúde física e psíquica nos crimes contra a integridade física, através da análise empírica da ofensa no corpo e/ou na saúde.

Avaliámos o dano corporal sofrido pela possível vítima, em quatro dimensões: o organismo, as funções, as capacidades e o meio ambiente no qual actua. Foi com base nestas dimensões que determinámos, qualitativa e quantitativamente, o tipo de lesões existentes. Para tal analisámos os dados recolhidos no Serviço de Clínica Médico-Legal, em matéria penal, respeitantes ao ano de 1998.

Desta forma foram avaliados parâmetros de descrição da amostra, como sexo, estado civil, idade, etc. e aspectos como a região anatómica das lesões, tipo de lesões, natureza do objecto da agressão, incapacidade para o trabalho, número de dias de doença, a existência de vestígios e preenchimento do art. 144.º do CP, entre outros. Estes aspectos permitiram-nos delimitar a noção ou conceito de integridade física e chegar a uma noção ou conceito de saúde, numa perspectiva médico-legal e jurídica.

Pudemos concluir que, apesar dos médicos legistas pugnarem por um conceito de saúde biopsicossocial, este conceito é desmentido pelos dados empíricos, já que a componente biológica é mais valorizada que a componente psicossocial. Por outro lado, relativamente às lesões anátomo-funcionais, os relatórios médico-legais dão mais relevância à descrição física das lesões, não dando outros parâmetros de avaliação à semelhança do que acontece em direito civil. Ainda em relação a este ponto, grande número das lesões apresentadas não são significativas, pelo que nem sequer deviam ascender ao discurso jurídico-penal.

Tendo em conta que o que interessa à Medicina Legal são as lesões significativas (físicas e psíquicas), o perito médico-legal deve preocupar-se apenas em descrevê-las da forma mais completa possível, para que a partir desses elementos o jurista possa apurar ou não um nexo de causalidade. Por isso mesmo defendemos uma uniformização dos relatórios médico-legais que contemple a avaliação integral do dano corporal na perspectiva da vítima, tanto numa vertente objectiva como subjectiva. Para esta visão global da integridade física seria desejável, como defendemos, que o tipo legal fosse designado como crime contra a saúde pessoal.

IV. REFERÊNCIAS BIBLIOGRÁFICAS

Acórdão do Supremo Tribunal de Justiça. 09-05-1958. Proc. 029589. In *BMJ*. N.º 77 (1958) n.º 77 p. 299.

Acórdão do Supremo Tribunal de Justiça. 04-07-1990. Proc. 041132. [Documento *online*] [Consult. 28 de Fev. 2004] Disponível na Internet: <URL: http://www.dgsi.pt/>

Acórdão do Supremo Tribunal de Justiça. 07-03-1990. In *BMJ*. N.º 395 (1990) p. 241.

Acórdão do Supremo Tribunal de Justiça. 18-12-1991 p. 41618. Proc. n.º 41618. [Documento *online*] [Consult. 28 de Fev. 2004] Disponível na Internet: <URL: http://www.dgsi.pt/>

Acórdão do Supremo Tribunal de Justiça. 07-01-1993. In *BMJ*. N.º 423 (1993) p.186.

Acórdão do Supremo Tribunal de Justiça. 05-05-1993. In Magalhães, Teresa, [et al.]. Avaliação do dano corporal em direito penal, breves reflexões médico-legais. *Revista de Direito Penal*. Vol. 2, n.º 2 (2003) p. 71.

Acórdão do Supremo Tribunal de Justiça. 17-11-1993. Proc. 043370. [Documento *online*] [Consult. 28 de Fev. 2004] Disponível na Internet: <URL: http://www.dgsi.pt/>

Acórdão do Supremo Tribunal de Justiça. 16-11-1995. Proc. 047567. [Documento *online*] [Consult. 28 de Fev. 2004] Disponível na Internet: <URL: http://www.dgsi.pt/>

Acórdão do Supremo Tribunal de Justiça. 16-04-1997. Proc. 96P1232. [Documento *online*] [Consult. 28 de Fev. 2004] Disponível na Internet: <URL: http://www.dgsi.pt/>

Acórdão do Supremo Tribunal de Justiça. 07-01-1998. Proc. 97P1248. [Documento *online*] [Consult. 28 de Fev. 2004] Disponível na Internet: <URL: http://www.dgsi.pt/>

Acórdão do Supremo Tribunal de Justiça de 28-10-99. Proc. n.º 99B427. [Documento *online*] [Consult. 28 de Fev. 2004] Disponível na Internet: <URL: http://www.dgsi.pt/>

Acórdão do Supremo Tribunal de Justiça de 11-03-99. Proc. n.º 98 A1069. [Documento *online*] [Consult. 28 de Fev. 2004] Disponível na Internet: <URL: http://www.dgsi.pt/>

130   *IV. Referências Bibliográficas*

ACÓRDÃO DO TRIBUNAL DA RELAÇÃO DE COIMBRA. 05-12-1999. Proc. 115/99. [Documento *online*] [Consult. 28 de Fev. 2004] Disponível na Internet: <URL: http://www.dgsi.pt/>

ACÓRDÃO DO TRIBUNAL DA RELAÇÃO DE COIMBRA. 16-03-2000. Proc. 39/00. [Documento *online*] [Consult. 28 de Fev. 2004] Disponível na Internet: <URL: http://www.dgsi.pt/>

ACÓRDÃO DO TRIBUNAL DA RELAÇÃO DE LISBOA. 26-06-1990. Proc. 0008215. [Documento *online*] [Consult. 28 de Fev. 2004] Disponível na Internet: <URL: http://www.dgsi.pt/>

ACÓRDÃO DO TRIBUNAL DA RELAÇÃO DE LISBOA. 26-06-1990. Proc. 0008265. [Documento *online*] [Consult. 28 de Fev. 2004] Disponível na Internet: <URL: http://www.dgsi.pt/>

ACÓRDÃO DO TRIBUNAL DA RELAÇÃO DE LISBOA. 16-10-1990. Proc. 0008575. [Documento *online*] [Consult. 28 de Fev. 2004] Disponível na Internet: <URL: http://www.dgsi.pt/>

ACÓRDÃO DO TRIBUNAL DA RELAÇÃO DE LISBOA. 24-10-1990. Proc. 0262273. [Documento *online*] [Consult. 28 de Fev. 2004] Disponível na Internet: <URL: http://www.dgsi.pt/>

ACÓRDÃO DO TRIBUNAL DA RELAÇÃO DE LISBOA. 27-02-1991. Proc. 0264963. [Documento *online*] [Consult. 28 de Fev. 2004] Disponível na Internet: <URL: http://www.dgsi.pt/>

ACÓRDÃO DO TRIBUNAL DA RELAÇÃO DE LISBOA. 27-02-1991. Proc. 0264963. [Documento *online*] [Consult. 28 de Fev. 2004] Disponível na Internet: <URL: http://www.dgsi.pt/>

ACÓRDÃO DO TRIBUNAL DA RELAÇÃO DE LISBOA. 24-04-1991. Proc. 0268073. [Documento *online*] [Consult. 28 de Fev. 2004] Disponível na Internet: <URL: http://www.dgsi.pt/>

ACÓRDÃO DO TRIBUNAL DA RELAÇÃO DE LISBOA. 29-05-1991. Proc. 0267463. [Documento *online*] [Consult. 28 de Fev. 2004] Disponível na Internet: <URL: http://www.dgsi.pt/>

ACÓRDÃO DO TRIBUNAL DA RELAÇÃO DE LISBOA. 24-11-1994. Proc. 0092592. [Documento *online*] [Consult. 28 de Fev. 2004] Disponível na Internet: <URL: http://www.dgsi.pt/>

ACÓRDÃO DO TRIBUNAL DA RELAÇÃO DE LISBOA. 22-04-1997. Proc. 0007065. [Documento *online*] [Consult. 28 de Fev. 2004] Disponível na Internet: <URL: http://www.dgsi.pt/>

ACÓRDÃO DO TRIBUNAL DA RELAÇÃO DE LISBOA. 28-04-1999. Proc. 0004013. [Documento *online*] [Consult. 28 de Fev. 2004] Disponível na Internet: <URL: http://www.dgsi.pt/>

IV. Referências Bibliográficas

ACÓRDÃO DO TRIBUNAL DA RELAÇÃO DE LISBOA. 13-04-2000. Proc. 0009169. [Documento *online*] [Consult. 28 de Fev. 2004] Disponível na Internet: <URL: http://www.dgsi.pt/>

ACÓRDÃO DO TRIBUNAL DA RELAÇÃO DE LISBOA. 17-05-2001. Proc. 00106889. [Documento *online*] [Consult. 28 de Fev. 2004] Disponível na Internet: <URL: http://www.dgsi.pt/>

ACÓRDÃO DO TRIBUNAL DA RELAÇÃO DE LISBOA. 18-06-2002. Proc. 0039455. [Documento *online*] [Consult. 28 de Fev. 2004] Disponível na Internet: <URL: http://www.dgsi.pt/>

ACÓRDÃO DO TRIBUNAL DA RELAÇÃO DO PORTO. 15-06-1983. Proc. 0002360. [Documento *online*] [Consult. 28 de Fev. 2004] Disponível na Internet: <URL: http://www.dgsi.pt/>

ACÓRDÃO DO TRIBUNAL DA RELAÇÃO DO PORTO. 14-12-1988. Proc. 0022477. [Documento *online*] [Consult. 28 de Fev. 2004] Disponível na Internet: <URL: http://www.dgsi.pt/>

ACÓRDÃO DO TRIBUNAL DA RELAÇÃO DO PORTO. 21-02-1990. Proc. 0123524. [Documento *online*] [Consult. 28 de Fev. 2004] Disponível na Internet: <URL: http://www.dgsi.pt/>

ACÓRDÃO DO TRIBUNAL DA RELAÇÃO DO PORTO. 26-02-1992. Proc. 043370. [Documento *online*] [Consult. 28 de Fev. 2004] Disponível na Internet: <URL: http://www.dgsi.pt/>

ACÓRDÃO DO TRIBUNAL DA RELAÇÃO DO PORTO. 27-11-1996. Proc. 9610346. [Documento *online*] [Consult. 28 de Fev. 2004] Disponível na Internet: <URL: http://www.dgsi.pt/>

ACÓRDÃO DO TRIBUNAL DA RELAÇÃO DO PORTO. 12-03-1997. Proc. 9610832. [Documento *online*] [Consult. 28 de Fev. 2004] Disponível na Internet: <URL: http://www.dgsi.pt/>

ACÓRDÃO DO TRIBUNAL DA RELAÇÃO DO PORTO. 25-03-1998. Proc. 9840557. [Documento *online*] [Consult. 28 de Fev. 2004] Disponível na Internet: <URL: http://www.dgsi.pt/>

ACÓRDÃO DO TRIBUNAL DA RELAÇÃO DO PORTO. 14-06-2000. Proc. 0010512. [Documento *online*] [Consult. 28 de Fev. 2004] Disponível na Internet: <URL: http://www.dgsi.pt/>

ACÓRDÃO DO TRIBUNAL DA RELAÇÃO DO PORTO. 24-01-2001. Proc. 0010871. [Documento *online*] [Consult. 28 de Fev. 2004] Disponível na Internet: <URL: http://www.dgsi.pt/>

ACÓRDÃO DO TRIBUNAL DA RELAÇÃO DO PORTO. 05-12-2001. [Documento *online*] [Consult. 28 de Fev. 2004] Disponível na Internet: <URL: http:// www.dgsi.pt/>

IV. Referências Bibliográficas

ACOSTA, Miguel [et al.] – *Síndrome de Agresión a la Mujer. In Cuadernos de Medicina Forense.* N.º 14. (1998) p. 58-77.

AGUSTINI, F.; BARONE, G. – Sul danno estético de traumatismi maxillo-facciali. *Annali di Stomatologia.* Vol. 17, n.º 9 (1968) p. 677-696.

ALASTUEY DOBÓN, M. Cármen – *La reparación a la victima en el marco de las sanciones penales.* Valencia: Tirant lo Blanch, Monografias, 2000 p. 23-115.

ALBUQUERQUE, Carlos Manuel de Sousa; OLIVEIRA, Cristina Paula Ferreira de – *Saúde e Doença: significações e perspectivas em mudança.* [Documento online] [Consult. 28 de Fev. 2004] Disponível na Internet: <URL: http://www.ipv.pt/millenium/Millenium 25/25 27.htm>

ANDRADE, Carlos Vieira de – *Os direitos fundamentais na Constituição Portuguesa de 1976.* 3ª ed. Coimbra: Livraria Almedina, 2004 p. 86.

ANDRADE, Manuel da Costa – *Consentimento e acordo em Direito Penal: contributo para a fundamentação de um paradigma dualista.* Coimbra: Coimbra Editora, 1991 p. 362-517.

ANDRADE, Manuel da Costa – *Comentário Conimbricense do Código Penal. Parte Especial.* Coimbra: Coimbra Editora, 1999. Vol. 1 p. 276-313.

ANGOITIA GOROSTIAGA, Víctor – *Extracción y trasplante de órganos y tejidos humanos – Problemática jurídica.* Madrid: Ediciones Jurídicas y Sociales, 1996 p. 407-423.

BARBOSA, Marcos; COSTA, Gonçalo – Epilepsia pós-traumática: conceitos médico-legais. *Revista Portuguesa do Dano Corporal.* Vol. 4, n.º 5 (1995) p. 61-71.

BARBOSA, Marcos – Patologia e sequelas dos traumatismos crânio-encefálicos. In *VIII Curso de Pós-Graduação sobre a Avaliação do Dano Corporal.* 22.º Tema. Coimbra. 7-03-2002. (Texto policopiado).

BARGAGNA, Marino – La medicina legale ed il danno alle persona oggi. In BARGAGNA, Marino; BUSNELLI, F. D. *La valutazione del danno alla salute.* 4ª ed. Padova: CEDAM, 2001 p. 19-45.

BENNUN, Ian; BELL, Patrick – Psychological consequences of road traffic accidents. *Medicine Science and Law.* Vol. 39, n.º 2 (1999) p. 167-173.

BOROBIA FERNÁNDEZ, César – *Valoración de daños personales. Sistema ocular.* 1997 p. 183-199.

BRAUNSTEIN, Florence; PÉPIN, Jean-François – *O lugar do corpo na cultura Ocidental.* Lisboa: Instituto Piaget, 2001. (Colecção: Epistemologia e Sociedade) p. 68-70.

CANCIO MELIÁ, Manuel – La exclusión de la tipicidad por la responsabilidad de la victima (imputación a la victima). *Cuadernos de Conferencias y Articulos.* n.º 19 (1998) p.9-79. Santafé de Bogotá: Departamento de Publicaciones de la Universidad Externado de Colombia, 1998.

IV. Referências Bibliográficas   133

CARDOSO, Wilma Diniz – Saúde mental, trabalho e qualidade de vida. *Interacções*. n.º 1 (2001) p. 565-75.

CARVALHO, Orlando de – *Teoria Geral do Direito Civil: sumários desenvolvidos para uso dos alunos do 2.º ano, (1ª turma) do Curso Jurídico de 1980/81*. Coimbra: Centelha, 1981 p. 160-200.

CASTELLANO ARROYO, M. – Lesiones por agentes químicos y biológicos. In *Patologia Forense Especial*. Barcelona: Masson, S A p. 396-401.

COIMBRA, Francisco – Ofensas corporais. *Gazeta Médica Portuguesa*. Vol. 15, n.º 17 (1962) p. 216-222.

COMISSÃO DE REVISÃO DO CÓDIGO PENAL – *Actas das Sessões da Comissão Revisora do Código Penal – Parte Especial*. Lisboa: Ministério da Justiça, 1979 p. 5-113.

COMISSÃO DE REVISÃO DO CÓDIGO PENAL – *Código Penal: Actas e Projectos da Comissão de Revisão do Ministério da Justiça*. Lisboa: Rei dos Livros, 1993 p. 219-245.

CORREIA, Eduardo – Estudos sobre a reforma de Direito Penal depois de 1974. *Revista de Legislação e de Jurisprudência*. Vol.118, n.º 3741 (1986) p. 353-356; n.º 3742 p. 5-8.

CORREIA, Eduardo – *Direito Criminal*. Coimbra: Livraria Almedina, 1993. Vol. 1 p. 273-287.

CORTE-REAL, Francisco – O estado anterior na avaliação do dano corporal de natureza cível. In: *Temas de Medicina Legal*. Coimbra: Edição de Centro de Estudos de Pós-Graduação em Medicina Legal, 1998 p. 163-172.

COSTA, Francisco Santos – A propósito das neuroses (post) traumáticas e sua valorização em sede de reparação civil do dano post traumático. *Revista Portuguesa do Dano Corporal*. Vol.1, n.º 1 (1992) p. 93-107.

COSTA, Francisco Santos – Transtorno de Stress Pós-Traumático. Avaliação psiquiátrica. In: *Temas de Medicina Legal*. Coimbra: Centro de Estudos de Pós-Graduação em Medicina Legal, 1998 p. 173-180.

COSTA, Francisco Santos – Sequelas psiquiátricas dos traumatismos. In *VIII Curso de Pós-Graduação sobre Avaliação do Dano Corporal Pós-Traumático*. Tema 35º. Coimbra. 23-05-2002. (Texto policopiado) p. 10-20.

COSTA, José E. Pinto da – Ofensas corporais, consequências temporárias e consequências permanentes do art.º 360.º do Código Penal. *Boletim da Medicina Legal e Toxicologia Forense*. Vol. 1, n.º 1 (1978) p. 51-67.

COSTA, José E. Pinto da – Ofensas corporais, introdução ao seu estudo médico-legal. *Boletim da Medicina Legal e Toxicologia Forense*. Vol. 4, n.ºs 1-10 (1981-1985) p. 9-43.

COSTA, José F. de Faria – Diversão (desjudiciarização) e mediação: que rumos? *Boletim da Faculdade Direito* (1985) p. 91-156.

IV. *Referências Bibliográficas*

Costa, José F. de Faria – *Tentativa e dolo eventual (ou da relevância da negação em direito penal)*. Coimbra: Coimbra Editora, 1987 p. 3-111.

Costa, José F. de Faria – O valor do silêncio do legislador penal e o problema das transplantações. In *Boletim da Faculdade de Direito da Universidade de Coimbra*. Vol. 69 (1993) p. 201-232.

Costa, José F. de Faria – *Direito penal especial. Lições ao 5.º Ano do Curso de 1997-98*. Coimbra: Faculdade de Direito da Universidade de Coimbra, 1997 p. 1-56.

Costa, José F. de Faria – *Direito Penal da comunicação. Alguns escritos*. Coimbra: Coimbra Editora, 1998 p. 7-177.

Costa, José F. de Faria – *Comentário Conimbricense do Código Penal. Parte Especial*. Coimbra: Coimbra Editora, 1999. Vol. 1 p. 601-674.

Costa, José F. de Faria – *O perigo em Direito Penal (contributo para a sua fundamentação e compreensão práticas)*. Coimbra: Coimbra Editora, 2000 p. 179-199, 241-272, 273-359, 387-440, 524-537, 567-579.

Costa, José F. de Faria – «Um olhar doloroso sobre o direito penal (ou o encontro.inescapável do *homo dolens*, enquanto corpo-próprio, com o direito penal)». In *Mal, Símbolo e Justiça: actas das jornadas*. Coimbra, 2000. Coimbra: Faculdade de Letras, 2001 p. 27-47.

Costa, José F. de Faria – Vida e morte em Direito Penal. (esquisso de alguns problemas e tentativa de autonomização de um novo bem jurídico). Comunicação apresentada no *Colóquio "Novas tarefas e fronteiras do direito (penal) médico"*, 21 e 22 de Março de 2002. p. 1-31 (texto policopiado).

Costa, José F. de Faria – O fim da vida e o Direito Penal. In Dias, Jorge de Figueiredo. *Liber Discipulorum* Coimbra: Coimbra Editora, 2003. p. 759-807.

Costa, José F. de Faria – *Direito Penal Especial – contributo a uma sistematização dos problemas "especiais" da Parte Especial*. Coimbra: Coimbra Editora, 2004 p. 13-127.

Courtat, Philippe [et al.] – Evaluation des sequélles oto-rhino-laryngologiques post-traumatiques. *Revue Française du Dommage Corporel*. Vol. 16, n.º 3 (1990) p. 521-527.

Cott, Arthur – The disease – illness distinction: a model for effective and practical integration of behavioural and medical sciences. In McHugh, Sean; Vallis, Michael, ed. *Illness behavior: a multidisciplinary model*. New York: Plenum Press, 1986 p. 71-99.

Criado del Río, María Teresa – *Valoración médico-legal del daño a la persona civil, penal, laboral y administrativa. Responsabilidad profesional del perito médico*. Madrid: Editorial Colex, 1999 p. 706-796.

Dias, João Álvaro Dias – Algumas considerações sobre o chamado dano corporal. *Revista Portuguesa do Dano Corporal*. Vol. 10, n.º 11 (2001), p. 37-75.

IV. Referências Bibliográficas

DIAS, Jorge de Figueiredo – *Direito penal– sumários das lições do Prof. Doutor Jorge de Figueiredo Dias: 2.º Ano da licenciatura em Direito, 2ª turma.* Coimbra: Faculdade de Direito da Universidade de Coimbra, 1975 p. 229-251.

DIAS, Jorge de Figueiredo – Os novos rumos da política criminal e o direito penal português do futuro. *Revista da Ordem dos Advogados.* Vol. 43 (1983) p. 5-23.

DIAS, Jorge de Figueiredo – Sobre o estado actual da doutrina do crime. *Revista Portuguesa de Ciência Criminal.* Vol. 2, n.º 1 (1992) p. 7-45.

DIAS, Jorge de Figueiredo – O Código Penal Português de 1982 e a sua reforma. *Revista Portuguesa de Ciência Criminal.* Vol. 3, n.º 2-4 (1993) p. 166-176.

DIAS, Jorge de Figueiredo – *Direito penal português, as consequências jurídicas do crime.* Lisboa: Editorial Notícias, 1993 p. 63-86.

DIAS, Jorge de Figueiredo – Relações entre a parte geral e a parte especial do Código Penal. *Boletim da Faculdade de Direito.* Vol. 71 (1995) p. 117-144.

DIAS, Jorge de Figueiredo – Uma proposta jurídica ao discurso da criminalização/descriminalização das drogas. *Revista Jurídica de Macau.* Abr. (1995) p. 13-31.

DIAS, Jorge de Figueiredo – Sobre os sujeitos processuais no novo Código de Processo Penal. In: CENTRO DE ESTUDOS JUDICIÁRIOS. *Jornadas de Direito Processual Penal. O novo Código de Processo Penal.* Coimbra: Livraria Almedina, 1995 p. 3-34.

DIAS, Jorge de Figueiredo; ANDRADE, Manuel da Costa – *Direito Penal – questões fundamentais. A doutrina geral do crime.* Coimbra: Universidade de Coimbra – Faculdade de Direito, 1996 p. 75-145, 163-174, 259-274.

DIAS, Jorge de Figueiredo – *Direito penal – Parte geral: Questões fundamentais a doutrina geral do crime.* Coimbra: Coimbra Editora, 2004. p. 120-277

DIMAIO, Vincent Jr.; DANA, Suzanna E. – *Handbook of Forensic Pathology.* New York: Landes Bioscience, 1998 p.65-93.

DINIS, J.J. Sousa – Aspectos particulares da indemnização dos danos póst-traumáticos *Revista Portuguesa do Dano Corporal.* Vol. 7, n.º 8 (1999) p. 09-22.

DOMINGO, Elena Vicente – *Los daños corporales: tipologia y valoracion.* Barcelona: José Maria Bosch Editor, S.A, 1994 p. 82-92, 112-134, 135-170, 186-209.

FARIA, Paula Ribeiro de – *Aspectos jurídico penais dos transplantes.* Porto: Universidade Católica Portuguesa, 1995. (Estudos e Monografias) ISBN 972-8069-05-7 p. 35-311.

FARIA, Paula Ribeiro de – *Comentário Conimbricense do Código Penal. Parte Especial.* Coimbra: Coimbra Editora, 1999. Vol. 1 p. 202-275.

136   IV. Referências Bibliográficas

FARIA, Paula Ribeiro de – A reparação punitiva – uma "terceira via" na efectivação da responsabilidade penal? In DIAS, Jorge de Figueiredo. *Liber Discipulorum*. Coimbra: Coimbra Editora, 2003 p. 259-291.

FELIPETO, Rogério – Pena de prestação pecuniária. *Revista de Direito Penal e Ciências Afins*. [Documento online] n.º 10 [Consult. 26 de Fev. 2004] Disponível na Internet: <URL: http://www.direitopenal.adv.br/>

FERREIRA, Artur – Dano dentário em reparação civil. In *VIII Curso de Pós--Graduação sobre Avaliação do Dano Corporal Pós-Traumático*. Coimbra. (Texto policopiado)

FERREIRA, Marques – *Os meios de prova*. In CENTRO DE ESTUDOS JUDICIÁRIOS. *Jornadas de Direito Processual Penal. O novo Código de Processo Penal.* Coimbra: Livraria Almedina, 1995 p. 221-270.

FOA, Edna B., ROTHBAUM, Barbara O. – Post-traumatic stress disorder: clinical features and treatments. In: Peters, Ray D., MACMAHON, Robert J.; Quinsey, Vernon L., ed. *Agression and violence throughout the life span*. Newbury Park, Califórnia: Sage Publications, 1992 p. 155-170.

GISBERT CALABUIG, Juan Antonio – Nexo de causalidade en valoración del daño corporal. In *Temas de medicina legal*. Coimbra: Centro de Estudos de Pós--Graduação em Medicina Legal, 1998 p. 61-86.

GONÇALVES, Manuel Lopes Maia – *Código Penal Português – anotado e comentado*. 14ª ed. Coimbra: Almedina, 2001 p. 490-539.

GONÇALVES, Manuel Lopes Maia – *Código de Processo Penal Português – anotado e comentado*. 12ª ed. Coimbra: Almedina, 2001 p. 374-395.

GREEN, Bonnie L. – Recent research findings on the diagnosis of Post traumatic stress disorder. In SIMON, Robert, ed. *Posttraumatic stress disorder in litigation: Guidelines for Forensic Assessment*. Washington: American Psychiatric Press, 1995 p. 13-29.

GUERIN, C. – *Medice legale e delle a assicurazioni*. 5ª ed. Roma: Tip. Lit. G. Pioda, 1959-60. Vol. 2 p. 334-394.

HAMONET, Claude – Contribuição dos conceitos de handicap e de readaptação para a reparação jurídica do dano corporal. *Revista Portuguesa do Dano Corporal*. Vol. 3, n.º 4 (1994) p. 65-72.

HINOJAL FONSECA, Rafael – *Manual de Medicina legal, toxicologia y psiquiatria forense*. Gijón: Sociedad Asturiana de Estudios y Formación Interdisciplinar en Salud, 1990 p. 65-341.

INSTITUTO NACIONAL DE ESTATÍSTICA. SERVIÇO DE INFORMAÇÃO ONLINE DO INE – *Classificação Nacional de Profissões-1994*. [Documento *online*] [Consult. 12 Set. 2004] Disponível na WWW: <URL: http://www.ine.pt/prodserv/nomenclaturas/cnp1994.asp>

IV. Referências Bibliográficas

INTRONA, F. – La perdita de denti nel delitto de lesioni personali. *Minerva Stomatologica*. Vol. 13, n.º 1 (1964) p. 511-523.

IORIO, M.; MALAVENDA, P. – Il trauma come concausa del disturbo mentale – considerazione medico-legali su un caso atípico. *Minerva Medicolegale*. Vol. 113, n.º 1 (1993) p. 13-15.

JADAD, A.R.; McQUAY, H. J. – Medición del dolor. In PYNSENT, Paul; FAIRBANK, Jeremy; CARR, Andrew – *Medición de los resultados en ortopedia*. Barcelona: Masson, 1996 p. 20-33.

JAKOBS, Günther – *Estúdios de Derecho Penal*. Madrid: Editorial Civitas, 1997.

LEAL-HENRIQUES, M.; SANTOS, M. Simas – *Código Penal Anotado*. Lisboa: Rei dos Livros, 2000.

LLORENS, António Cardona – *Estudio medico-penal del delito de lesiones*. Madrid: Edersa, Editoriales de Derecho Reunidas, 1988 p. 25-128.

LOPES, Carlos – *Guia de perícias médico-legais*. 7ª ed. Porto: Edição do Autor, 1982 p.39-128.

MAGALHÃES, Teresa – *Estudo tridimensional do dano corporal do dano corporal: lesão, função e situação (sua aplicação médico-legal)*. Coimbra: Livraria Almedina, 1998 p. 25-83, 93-113, 117-157, 161-192.

MAGALHÃES, Teresa; HAMONET, Claude – O dano corporal. *Revista Portuguesa de Avaliação do Dano Corporal*. Vol. 9 (2000) p. 49-69.

MAGALHÃES, Teresa [et al.] – Avaliação do dano corporal em direito penal, breves reflexões médico-legais. *Revista de Direito Penal*. Vol. 2, n.º 2 (2003) p. 63-82.

MAGALHÃES, Teresa – *Introdução à medicina*. Porto: Faculdade de Medicina da Universidade do Porto: INML, 2003.

MALATESTA, Nicola Framino Dei – *A lógica das provas em matéria penal*. 2ª ed. Campinas SP: Bookseller Editora, 2001 p. 69-83, 531-558.

MALVEIRO, Jorge Andrez – Manutenção terapêutica de heroína: uma possibilidade eficaz? *Interacções*. n.º 2, (2002) p. 96-105.

Mapa de Portugal – *Distritos do Continente e Regiões Autónomas*. [Documento *online*] [Consult. 18 Jul. 2004]. Disponível na WWW: <URL: http://www.mapadeportugal.net/indicedistritos.asp>

MARINS, Maria da Conceição Almeida – Qualidade de vida: conceito e evolução [Documento *online*] [Consult. 13 Set. 2004] Disponível na WWW: <URL: http://www.esenfviseu.pt/ficheiros/artigos/qualidade_vida.pdf>

McHUGH, Sean; VALLIS, Michael – Illness behavior: operationalization of the biopsychosocial model. In McHUGH, Sean, VALLIS, Michael editors. *Illness behavior: a multidisciplinary model*. New York: Plenum Press, 1986.

IV. Referências Bibliográficas

MECHANIC, David – Illness behavior: an overview. In McHUGH, Sean, VALLIS, Michael editors. *Illness behavior: a multidisciplinary model*. New York: Plenum Press, 1986 p. 101-109.

MENDES, António Jorge Fernandes de Oliveira – *O direito à honra e a sua tutela penal*. Coimbra: Livraria Almedina, 1996. p. 27-78.

MONTEIRO, Cristina Líbano – *Perigosidade de Inimputáveis e «In Dubio Pro Reo»*. Coimbra: Coimbra Editora, 1997 p. 98-106.

MORRIS, David B. – *Doença e cultura na era pós-moderna*. Lisboa: Instituto Piaget, 1998 p.20-72.

NETO, Abílio; MARTINS, Herlander – *Código civil anotado*. 6ª ed. Lisboa: Livraria Petrony, 1987 p. 55-62.

NP 405-1. 1994, Informação e Documentação – *Referências bibliográficas: documentos impressos*. Monte da Caparica: Instituto Português da Qualidade. 49 p.

OGDEN, Jane – *Psicologia da saúde*. Lisboa: Climepsi Editores,1999 p. 15-19.

OLIVEIRA, Odete Maria de – *Problemática da vítima de crimes, seus reflexos no sistema jurídico português. Perspectiva de um magistrado*, Lisboa, Rei dos Livros, 1994 p. 25-125.

OLIVEIRA, Sandra Santos de – Trechos da história da loucura. *Interacções*. n.º 3 (2002), p.106-120.

ORTMANN, C. [et al.] – Fatal neglect of the elderly. *International Journal of Legal Medicine*. Vol.114 (2001) p. 191-193.

PELAGATTI, Giorgio – *I trattamenti sanitari obbligatori*. Roma: Ed. C.I.S.V., 1995 p. 3-28.

PENNA, João Bosco – *Lesões, corporais – caracterização clínica e médico legal*. São Paulo: LED – Editora de Direito, 1996 p. 35-68, 99-227, 291-328.

PENNA, João Bosco – Avaliação do dano corporal: perdas dentárias. In *Temas de Medicina Legal*. Coimbra: Centro de Estudos de Pós-Graduação em Medicina Legal, 1998 p. 219-232.

PENNA, João Bosco – *Deformidade permanente: avaliação penal e cível*. São Paulo: LED – Editora de Direito, 1998 p. 23-137, 442-460.

PINTO, Frederico de Lacerda Costa – O estatuto de lesado no processo penal. *Separata de Estudos em Homenagem a Cunha Rodrigues*. Coimbra: Coimbra Editora, 2001 p. 687-708.

PIRES, José Cardoso – *De profundis, morte lenta*. Lisboa: Planeta Agostini, 2001 p. 12-17.

PORTUGAL. LEIS, DECRETOS – *Código Civil Português*. Coimbra: Livraria Almedina, 2002.

PORTUGAL. LEIS, DECRETOS – *Constituição da Republica Portuguesa*. Coimbra: Livraria Almedina, 2005.

IV. Referências Bibliográficas

139

prNP 405-4. 2001, Informação e Documentação – *Referências bibliográficas. Parte 4: Documentos electrónicos.* Caparica: Instituto Português da Qualidade. 28 p.

REICH, Warren Thomas – *Encyclopedia of bioethics.* Rev. ed. New York: Prentice Hall International, 1995. Vol. 2 p. 1032-1142.

RESIER, Patrícia A. – Cognitive treatment of a crime – related post-traumatic stress disorder. In PETERS, Ray D.; MACMAHON, Robert J.; QUINSEY, Vernon L., ed. *Agression and violence throughout the life span.* Newbury Park, California: Sage Publications, 1992 p. 171-191.

RIBEIRO, José Luís Pais – *Investigação e avaliação em psicologia e saúde.* Lisboa: Climepsi Editores, 1999 p. 15-75.

KLEINMAN, Arthur – Illness meanings and illness behavior. In McHUGH, Sean, VALLIS, Michael, ed. *Illness behavior: a multidisciplinary model.* New York: Plenum Press, 1986 p. 149-159.

RODRIGUES, Fernanda – Patologia dos ferimentos, seus mecanismos de produção e sua classificação. In *VIII Curso de Pós-Graduação sobre Avaliação do Dano Corporal Pós-Traumático. Disciplina de Tanatologia.* Coimbra, 2002. (Texto policopiado).

ROSSETTI, Marco – *Il danno da lesione della saluti biológico, patrimoniale, morale.* Padova: Cedam, 2001 p. 9-38.

ROXIN, Claus – Acerca da problemática do Direito Penal da Culpa. *Separata do Boletim da Faculdade de Direito da Universidade de Coimbra,* vol. 69 (1983) p. 3-31.

SÁ, Fernando Oliveira – As ofensas corporais e o novo Código Penal – primeiros comentários médico-legais. Separata de *O Médico.* Vol. 105, n.º 1618 (1982) p. 1-20.

SÁ, Fernando Oliveira – As ofensas corporais no Código Penal: uma perspectiva médico-Legal, análise de um workshop. *Revista Portuguesa de Ciência Criminal,* n.º 3 (1991) p. 409-443.

SÁ, Fernando Oliveira – Clínica médico-legal da reparação do dano corporal em Direito Civil. *Revista Portuguesa do Dano Corporal* (1992) p. 33-51, 77-101, 125-161.

SÁ JR., S. M. – O normal e o patológico. In *Psicopatologia e Propedêutica.* [Documento online] Rio de Janeiro: Atheneu, 1984. p. 261-269. [Consult. 11 de Set. 2004] Disponível na WWW: < URL:http:// psicopatologia.tripod.com.br/normal e patológico.doc>

SANTOS, J. Coelho dos – A reparação civil do dano corporal: reflexão jurídica sobre a perícia médico-legal e o dano da dor. *Revista Portuguesa do Dano Corporal.* Vol. 3, n.º 4 (1994) p. 73-90.

IV. Referências Bibliográficas

SANTOS, Jorge Costa; DIAS, C. J. Mendes – As ofensas corporais e o Código Penal. *Jornal do Médico*. Vol. 9, n.º 12 (1987) p. 423-430.

SANTOS, Jorge Costa; DIAS, C. J. Mendes – As ofensas corporais e o Código Penal – da letra da lei à prática médico-legal. *Jornal Policlínico*. Vol. 7, n.os 229, 230, 231(1988) p. 4-5, 11; 2, 9, 11; 2-3.

SANTOS, José Beleza – Algumas considerações jurídicas sobre crimes de difamação e de injúrias. *Revista de Legislação e de Jurisprudência*. Vol. 92, n.º 3142-3165 (1959-1960) p.164-168, 180-185, 196-202, 213-216.

SANTOS, Luís Augusto Duarte – Consequências permanentes das agressões – apontamentos e algumas reflexões. Separata de *O Médico*. n.º 120 (1953) p. 7-20.

SANTOS, Luís Augusto Duarte – *A perícia médica em processo penal*. Coimbra: Edição das Semanas de Estudos Doutrinários, 1961 p. 3-11.

SCHEFFER, P. – Plaidoyer pour une meilleure indemnisation du dommage dentaire de l'adulte en droit commun. *Revue de Stomatologie Chirurgie Maxillofacial*. Vol. 87, n.º 1 (1986) p. 37-41.

SERRA, Teresa – *Homicídio qualificado. Tipo de culpa e medida da pena*. Coimbra: Coimbra Editora, 1997 p. 19-46, 47-75.

SERRÃO, Daniel – Opinion on the ethical aspects of health care regarding the end of life. In *Conselho Nacional de Ética para as Ciências da Vida*. Lisboa: Presidência do Conselho de Ministros, 1995 p. 5-27.

SERVAN-SCHREIBER, David – *Curar: o stress, a ansiedade e a depressão sem medicamentos nem psicanálise*. Lisboa: Publicações D. Quixote, 2003.

SHUMAN, Daniel W. – Persistent reexperiences in psychiatry and law. Current and future trends in Posttraumatic Stress Disorder Litigation. In SIMON, Robert, ed. *Posttraumatic stress disorder in litigation*. Washington: American Psychiatric Press, 1995 p. 1-11.

SILVA JÚNIOR, Edison Miguel da – Tipicidade penal material – princípios da adequação social e da insignificância. *Revista de Direito Penal e Ciências Afins*. [Documento online] [Consult. 26 de Fev. 2004] Disponível na Internet: <URL: http://www.direitopenal.adv.br/>

Sousa, João Tiago – *A medicina forense em Portugal: contributo para o estudo da criminalidade em Coimbra – 1899-1917*. Coimbra: Mar da Palavra Edições, 2003 p. 11-60.

Sousa, Rabindranath Capelo de – *O direito geral de personalidade*. Coimbra: Coimbra Editora, 1995 p. 198-226, 619-622.

TESTUT, L.; LATARJET, A. – *Compêndio de anatomia descritiva*. Barcelona: Salvat Editores, 1976 p. 386-514.

THOMAS, Philip A. – *Legal frontiers*. London: Dartmouth Publishing Group, 1996.

IV. *Referências Bibliográficas*

PALIERO, Carlo Enrico – «*Minima Non Curat Praetor*» – *Ipertrofia del diritto penale e descriminalizzazione dei reati bagatellari*. Vol. 43, Padova: CEDAM, 1985 p. 3-82; 349-371; 375-403; 405-421, 627-652.

VIEIRA, Duarte Nuno – A "missão" de avaliação do dano corporal em direito civil. *Revista Sub Júdice: justiça e sociedade*. N.º 17 (2001) p. 23-30.

VILLANUEVA CAÑADAS, Enrique; HERNÁNDEZ-CUETO, Claudio – Problemas médico--legales de la valoración del daño corporal de las lesiones crónicas. *Revista Portuguesa do Dano Corporal*. Vol. 3, n.º 4 (1994) p. 91-117.